我對學術自由的理解是追尋真理的權利，以及出版和教授其認為正確事物的權利。
這個權利也意味著一個責任：一個人不應該隱瞞自己認為正確的任何部分。
很明顯，任何對學術自由的限制都會以阻礙知識在民眾之間傳播的方式
來起作用，從而妨礙理性的判斷和行動。

——愛因斯坦在 1950 年代對有關學術自由問題的回應

山城滄桑

回不去的香港中文大學

張燦輝◎文・攝相・篆刻

周保松◎序

退居猶未免倉皇　再渡蓬萊擬故鄉

晚市樓臺疑海蜃　故人眉髮證滄桑

坐聽啼鳥前塵逼　醉策屠龍舊夢涼

三十三年哀樂意　苦茶相勸滌愁腸

——引勞思光師1988年詩

遠路修長最亂皇　手無珠箔證心鄉

韋齋絕學空成恨　滄海山城驟變桑

辭港抵英觀月缺　賦詩思哲道天涼

三年感事終流淚　遷客於今更斷腸

——黃顯步勞師韻2023年賦

目　錄

前言

　　2019年的反送中運動，令香港全面改變，中文大學如何置身事外？大學火車站前豎立超過十年的民主女神像在2021年底被剷除，學術自由等慢慢變成口號，中文大學也從此變成歷史。唐君毅和勞思光的自由人文精神已淪為純粹學術研究課題。真正的自由沒有了，大學還有什麼存在價值？

　　這本文章相集，緣起於2021年底因民主女神像被移除後的反應，我知道此生不能再進入母校半步，過去三十多年的情懷只能透過回憶和相片重現，是以將多年來拍攝中大的照片刊出，回顧中大美好的時光。

　　中大校園內所有雕像，是代表中大之為中大的精神。從孔子、孫中山、李卓敏、楊振寧、高錕、唐君毅、勞思光到民主女神像，全部是中大立校的精神象徵。香港其他大學沒有這麼多引以為傲的雕像。但似乎至今沒有文字相片全面陳述。

　　2019年從9月到11月在中大校園發生的事情，我靜態地將見到的景象拍攝下來。沒有衝突場景，沒有太多人物，但每張相片都告訴我，這些事情以前未發生過，以後也不會出現。

　　電子相集在去年中輯成。但2022年7月1日中文大學升旗儀式令我憤慨不已。我開始投稿在英國的傳媒《綠豆》，在其專欄「破土」寫第一篇評論中大的文章。幾個月完成十一篇文章。首六篇談中大學術自由，然後四篇細說中大戶外銅像故事，最後一篇談沈祖堯校長。

　　這本《山城滄桑》能夠出現，首先感謝《綠豆》專欄「破土」編輯的意見和文字修飾。當然最重要是感謝周保松的序言，是他鼓勵我以書籍的形式刊出這些文字和相片。

　　如果業師勞先生仍在世，他會如何看這幾年的事？他會回來2020年後的香港和重臨中文大學嗎？他生前鄭重告訴我，除非共產黨變了，也除非他自己變了，否則再不踏一步入中國大陸這片土地上。當然兩者沒有變。先生的教導銘記在心。

　　最後感謝長明學友寫了篇附錄，令我們更要反省「知識人」在危機時刻的責任問題。致謝大埔山人的附錄〈由銅雕能言說起〉，帶我們回到山城校園內，跟隨銅雕的視線望向校園裡的眾人，重新思索中大前賢的為人和為學之理想。保松、長明、大埔山人和我都是香港中文大學的學生，我們不敢忘記大學過去超過半世紀堅守學術自由的理念。儘管現在中大似全面淪落，散在世界各地的校友，必以2019年前的中文大學為榮！期盼未來有一天大家回到「百萬大道」自由地高唱「手空空，無一物」和「榮光歸香港」！

　　《山城滄桑》電子和實體版能夠在台灣刊出，當然要衷心感謝左岸文化兩位編輯，黃秀如和劉佳奇女士的全面支持。同時向一位校友慷慨資助本書的印刷費用致謝。沒有他們，《我城存歿》和《山城滄桑》不可能在自由華語世界出現！

張燦輝
初稿於英國聖奧本斯
2023 年 1 月 4 日
修訂於台灣新竹國立清華大學
2023 年 3 月 24 日

艱險不忘奮進——《山城滄桑》序

周保松　國立政治大學政治系客座副教授／香港中文大學政治與行政學系副教授

2019年後的香港中文大學，就像香港一樣，經歷了一場危機。所謂危機，是指這所大學的學術自由受到前所未有的威脅，而學術自由是一所大學的靈魂。失去靈魂的大學，將何去何從？張燦輝教授作為中大人，在這個艱困時代，用他的相片和文字，記下他的憂傷和反思。我作為燦輝先生曾經的學生，也是中大教師，讀之再三，感懷不已。

燦輝先生的文字愛深責切，絕非偶然。燦輝先生70年代畢業於中文大學崇基學院，師從勞思光、沈宣仁、陳特等老師，深受他們的言傳身教薰陶；其後負笈德國攻讀現象學博士，上世紀90年代回來中大哲學系任教；再其後接掌通識教育中心，在何秀煌先生奠下的基礎上，將通識教育發揚光大，創辦「與人文對話」及「與自然對話」基礎課程，成為所有學生必須修讀的共同課程；課程自2010年實行至今，深得同學喜愛，從根本處改變了大學的教育風景。

從此可見，燦輝先生對大學教育有豐富經驗，對學術自由有由衷堅持，對中大傳統有深厚感情。也正因為此，目睹山城鉅變，即使人在海外，燦輝先生仍然奮筆疾書，寫下這些教人動容的文字，並配上用心拍攝的山城歲月，為我們也為後人留下一份珍貴紀錄。特別要提的是，本書有四篇文章專門介紹中大校園的雕像群，其中新亞書院水塔下的唐君毅先生像和崇基未圓湖畔的勞思光先生像，更是燦輝先生本人大力奔走促成。唐先生和勞先生，是中大人文教育的典範。燦輝先生筆下的雕像故事，值得大家細讀。

香港中文大學生於憂患。沒有1949年的中國鉅變，錢穆、唐君毅諸先生就

不會流亡香港，中國十三所教會大學就不會結束在大陸的教育事業，也就不會有新亞書院、崇基學院和聯合書院在50年代初的創辦，更不會有1963年中文大學的成立。用錢穆先生的說法，書院是在「手空空，無一物」中起步，其後再在馬料水開山闢地，胼手胝足建立起這所環境優美、學術卓越、自由氣息濃厚的大學。中文大學在不同歷史時期，歷經各種考驗，有內部紛爭，也有外在壓力，可是中大沒有因此停頓，更沒有因此消失，反而在挫折中不斷成長。

在目前的政治環境下，中大和香港其他大學，面臨前所未有的考驗。可是如果我們將歷史眼光放遠一點，我們會見到，大學是人類的共同事業，只要大學的自由精神還在，大學師生有足夠韌性，就有機會渡過各種困厄。舉例說吧，世界上歷史最悠久的幾所大學，包括義大利的波隆那大學、法國的巴黎大學、英國的牛津和劍橋大學，雖然經歷無數戰火洗禮和政權交迭，可是始終屹立不倒，一直是文明傳承和知識創新的殿堂。

中文大學能夠像這些大學一樣，經受得起一時的風狂雨暴，繼續鍾靈毓秀嗎？沒有人可以確定。不過，燦輝先生在書中清楚明白地告訴我們，中大是重視自由的大學，自由是山城的精神，這個精神由一代又一代師生用思想和行動澆灌而成，成為我們的傳統。如何承傳這個傳統，是每個中大人的責任。我始終相信，只要我們守著大學的基本價值，在不同崗位各盡其力，艱險不忘奮進，困乏仍然多情，我們的中文大學就會一直在。我們要有這樣的信心，也要有這樣的期許。

謝謝燦輝先生邀請我為此書作序，忝為後輩，勉力而為，謹以此文和所有中大人共勉。

第一部

山城滄桑

2022年7月1日中文大學香港回歸二十五周年紀念升旗禮，校長段崇智致詞時表示：「今天是香港一個非常重要的歷史時刻，標誌著『一國兩制』發展的重要里程，大學同仁很榮幸與各界一同慶祝。過去二十五年來，中大積極支持香港融入國家發展並做出貢獻，藉著今天的重要時刻，讓我們回顧過去，展望將來，為香港及國家未來更蓬勃的發展做好準備。」

這天同時是沒有念過大學的警察特首李家超成為中文大學監督的第一天，作為2019年11月警暴鎮壓中大和理大的主管，同時是另外七所大學的監督，以國安法為統治香港的「合法」權力武器，香港大專學界還可以繼續有「學術自由」嗎？中大段校長還可以捍衛「教學自主，言論自由」，不受政治干預嗎？段崇智在上面的致詞中，已將中文大學變成為大陸的知識工廠，為「香港及國家未來更蓬勃的發展做好準備」。大學不再是追求真理和公義、肯定思想自由和科學精神、以及敢於批評社會的地方。因為「真理」已被領袖決定，「學術自由」的標準是隨當權者定義。喪失了真正的學術自由，中文大學仍然是大學嗎？段崇智所言的「非常重要的歷史時刻」就是中文大學隨著香港的淪落而變成歷史。

最美麗的山城大學

筆者1970年入讀崇基學院哲學系，當時火車站是馬料水，崇基校園在山下，山上只有水塔兩座和半山的范克廉樓。然後一座一座的建築物慢慢出現，新亞、聯合搬入，逸夫書院也成立了。崇基未圓湖和新亞天人合一亭也陸續建成，中文大學校園是

全世界最美麗的山城大學之一！

與此同時，中文大學教授和學生從「手空空，無一物」開始，全憑自己的努力，令中大學術與研究慢慢成為世界級的大學。當然因為中大有真正大學具備的條件：學術、研究、教學、出版和言論自由！注重人文與科學精神，尊重人權、法治和個人尊嚴。

筆者和無數中文大學的同學、教職員和校友，在這些理所當然的條件環境中渡過了幾十年的學術生命。這些人權所賦予我們大學成員的自由，從未被懷疑過，因為我們深信大學管理高層、教授和學生都不言而喻的肯定和捍衛這些學術生命賴以存在的條件。

但是，這些條件隨著 2019 年反修例運動和 2020 年 7 月 1 日成立的國安法而隨風消逝。在專制政權統治之下，學術自由變成口號而已。

優秀傳統被強權毀滅

和所有中大人一樣，我對此改變惋惜不已。為什麼中大如此淪落？曾經是大陸以外最自由的華人大學，為什麼在三年間喪失了幾十年的信念和價值？悲憤之餘，我們還可以做什麼！

筆者是退休老人，已離開香港，在英國重新得回學術、言論、出版自由，也在公平開放、民主法治的公民社會中生活，已經是安全「過了河」的流亡知識人，為什麼還要關心中文大學和香港的事？正因為我們身在自由的國度，更要關心仍在香港極權統治下生活和學習的同學、同事和朋友。尤其是在過去三年多積極參與運動的人士，他們現在全面噤聲，對荒謬絕倫的政府不敢多言，但埋在心中的悲憤並沒有消失，在警權壓迫下誰敢發言表態？

中文大學的優秀傳統被強權毀滅，但中大人並不死心，不願意見到母校變成一所大陸大學，忘記

了新亞先賢避秦來港的理想，忘記了被共產黨逼害離開大陸教會崇基諸君的使命！因此之故，我們更要關心中大，將中文大學過去幾十年的滄桑歷史記錄下來。

　　筆者一生大部分時間在中文大學渡過，對中大當然有深厚感情。但我不是寫中文大學歷史，因為沒有足夠資料，也不是史學學者，我只是根據自己的經歷寫中大人關心的事情。當然，我的資歷有限，也再沒有機會重回這山城大學收集一手資料，文章內容肯定是掛一漏萬。但寫了出來，可以讓全世界的中大人指正。

民主女神像自 2010 年 6 月 4 日晚上開始豎立在中文大學火車站前，一直是中大人引以為傲的象徵，而自由和民主也是中文大學尊崇的理念。但 2021 年 12 月 24 日深夜，民主女神像隨同香港大學的國殤之柱被大學當局清拆，大學高層當然沒有解釋真正原因。翌日，中文大學眾書院學生會公開指責：「我校本學術自由，開放批判精神。惟今淪落至搖尾乞憐，苟且偷安之學店。我等身為中大人，對校方如此失信無恥之舉嚴正譴責，並要求校方立即交代民主女神像處理事宜及將此事交還中大全體師生共同商討，決定民主女神像未來去向。最後藉此（聯署）促請校方毋忘創校先賢訓勉，莫做奴顏媚骨之舉，重申學術自主之風骨。」中大學生面對不公義挺身而出，為所有中大人發聲，值得我們敬佩。

當然中文大學校方沒有正面回應，校長段崇智沒發一言，對學生會的要求不置一詞。令人沮喪的是，事後並沒有任何中大教職員發聲支持同學。

為什麼中文大學自創校以來對社會和校內發生種種不公義事情的批判精神喪失了？幾十年來教職員和學生都站在一起，對大學不公平不合理的事情公開抗議，據理力爭，向高層表示不滿，但為什麼這次卻全部噤若寒蟬，不出一言？放棄批判思想，遺棄同學？

2019 年前大學開放兼容並蓄

中文大學六十年的優秀傳統去了哪裡？2019 年之前的中大並不是這樣的。

2010 年民主女神像豎立於中文大學的那天早上，我和中大哲學系超過二十位教

職員在幾小時內草議和聯署一篇聲明，明確支持同學迎接雕像當晚從維園移入中大校園。我們是如此寫的：

茲就香港中文大學學生會申請擺放「六四」事件紀念雕像一事，我們以聯署方式發布聲明如下：

1. 言論自由之重要，舉世認同，且為基本法賦予港人之權利，香港中文大學乃公共教育機構，理應尊重言論自由。
2. 擺放「六四」事件紀念雕像一事，乃言論自由之表達。
3. 校方若允許擺放雕像，此決定本身並不牽涉任何政治立場。
4 校方若允許申請，實有助促進言論自由。
5. 校方禁止學生擺放雕像，無異於打擊言論自由，公然背離公共教育機構之宗旨，更有違基本法之精神。

當年大學高層沒有阻撓民主女神像進入中大。時任校長的沈祖堯教授發表公開信稱：「中大一直堅守言論和學術自由的宗旨，對不同見解和意見，抱持兼容並包的開放態度。在處理擺放『新民主女神像』的問題上，我們同樣秉持這種開放的態度。」

校長、教職員和同學連成一線，民主女神像也得以在中大火車站前擺放了超過十年，成為中大尊重民主開放、學術自由的象徵，讓每天坐火車從香港到大陸的乘客，看到中國以外最自由開放的華人大學。

白色恐怖壓境被迫噤聲

我不相信中大教職員和哲學系所有同事，對民主女神像被無理拆毀會若無其事，沒有感到義憤填膺；對不公義不合理的事會視若無睹；又或是忘記「六四」屠城罪行。但絕大部分人都不敢和不願意發一言，因為白色恐怖是真實的，籠罩在所有人的頭上。

段崇智和眾高層信誓旦旦說中大尊崇學術自由，因為香港的基本法、國安法，甚至大陸憲法都明確保證大學教學自主，學術、言論自由，只不過一切自由都不是絕對的，要「依法」行使自由。

我們相信嗎？

誠言，學術和言論自由肯定不是絕對的，因為要行使學術自由要預設另一個更基本的自由：免於恐懼的自由！

香港還有「免於恐懼的自由」嗎？

1941年1月6日美國羅斯福總統發表著名的《四大自由》演說，強調（一）言論自由，（二）宗教自由，（三）免於匱乏的自由，（四）免於恐懼的自由。這四大自由之後成為1948年12月10日聯合國大會通過的《世界人權宣言》序言的一部分：

　　鑑於對人類家庭所有成員的固有尊嚴及其平等的和不移的權利的承認，乃是世界自由、正義與和平的基礎；

　　鑑於對人權的無視和侮蔑已發展為野蠻暴行，這些暴行玷污了人類的良心，而一個人人享有言論和信仰自由並免於恐懼和匱乏的世界的來臨，已被宣布為普通人民的最高願望；

鑑於為使人類不致迫不得已鋌而走險對暴政和壓迫進行反叛，有必要使人權受法治的保護。

　　聯合國大會於1966年又通過《經濟、社會及文化權利國際公約》與《公民權利和政治權利國際公約》，連同《世界人權宣言》統稱「國際人權憲章」。雖然中國簽署了兩份《公約》，但卻一直未批准《公民權利和政治權利國際公約》在中國執行。即使其在公開場合強調如何尊重人權，但現實卻是說一套、做一套，多年來見諸於西藏、新疆，以至對國內異見人士的打壓，和過去三年在香港的高壓管治。7月27日聯合國人權事務委員會措辭強硬要求香港政府採取行動廢除國安法，但從香港政府當晚發表七千多字的聲明，反指委員會的批評毫無根據，相信無論侵犯人權的證據如何充實，香港政府也會選擇無視，並繼續把謊言說下去。

　　香港政府從來沒有提及在《世界人權宣言》序言中強調的「免於恐懼的自由」，皆因「恐懼」正好就是國安法的一大武器。人民失去了「免於恐懼的自由」，恐懼成為管治的籌碼，在驚懼與互相揭發中，成為管治者玩弄於股掌之上的工具。

　　你似乎永遠都不會知道，什麼言論、行為、態度是完全合法的。一切反對聲音要完全靜止，一切批評政權的言論要被剔除。學術研究要循欽定方向進行，教學文本要符合正確思想。你不知道什麼人哪天會告發你，每個人都做好自我檢查，忘記批判、反省、挑戰當權者，乖乖地做「合法」的研究。

　　我絕不相信中大的同事和朋友甘心在這「恐懼」的世界中生活下去。更不願意如學生會所說，接受中大「淪落至搖尾乞憐，苟且偷安之學店」。但是我們這些學者書生還可做什麼？回到象牙塔做純粹的學術研究，避開歷史和政治，對社會、文化充耳不聞，視若無睹？

知識分子在香港

2020年7月1日國安法在香港強行推出之後，「一國兩制，高度自治」的承諾已經變成滿紙空言，香港淪為大陸一個沿岸城市，一百五十多年來英國殖民統治下建立的種種優點，如法律、教育、新聞和公務員傳統全面被清洗。符合獨裁政權的需要，再沒有獨立自主精神。香港已死：自由、法治、開放、多元的公民社會全消失了。

香港中文大學和其他七所香港的大學，隨著李家超成為大學監督之後，學術自由再沒有什麼意義。國安法是每個學生和教職員共同遵守之法，任何對大陸、香港政府和大學的批評，任何不符合當權者角度的標準都是錯誤的。從此再沒有反對聲音，每個學生和教授都要接受現實，明哲保身，絕不碰撞紅線；教授埋首做純粹學術研究，不問政治，不理時代問題，保存學術生命。

在獨裁政權下的大學學者教授就這樣便滿足，無愧於心嗎？

業師勞思光先生在生前多次教誨我：「在共產黨專制下生活是無可奈何之事，但一定不要做幫兇，不搖旗吶喊，不阿諛奉承！」

勞先生1955年從台灣到香港，逃離共產黨和國民黨的白色恐怖逼害，直到1989年重回台灣清華大學為訪問學人。那時台灣已慢慢成為民主和開放社會，已確立學術和言論自由，以及免於恐懼的自由。因此之故，勞先生實在從未在共產黨暴政下生活過。他自由地在香港生活和做學術研究超過三十多年，除了哲學研究外，還深入理解共產黨思想和歷史發展，對共產獨裁政權的批判從未間斷。他鄭重地告訴我：共產黨是不可以相信的。

如果2019年勞先生仍在世，親眼看到中文大學變成戰場，2020年目睹香港政府

利用國安法將幾十年的自由香港毀於一旦，他又會如何評論？如何在中文大學繼續教學和研究？當然這是不可能發生的，因為他絕對不會在五星旗下苟且殘存，做一個為生活而營役於獨裁政權的學者。他肯定會離開香港前往自由的地方。現在仍留在香港的學者教授，如何忍受在沒有真正學術自由的大學繼續工作？除了謹記勞先生的教誨外，我們還可以做什麼？

知識分子為何缺席

抗爭運動期間，香港各大學的教職員除了極少數敢公開發言支持運動外，儘管心中憤怒和不滿，大部分都噤聲；當然在 2019 年的無數示威中，他們會在群眾中參與遊行抗議，或在報章和社交媒體聲明簽名反對。台灣學者吳叡人先生評論這種現象為「知識分子的缺席」。[1] 我們不一定全面同意吳先生的分析，但作為有深入研究香港運動的學者，對香港大專學術界的觀察，值得我們反思。

吳先生指出有兩種原因導致這個現象：「一個是香港人文社會型知識分子的運動經驗非常少，非常地學院，他們是親西方的產物，一邊優越感很重，拼命掉洋書袋，一邊說自己是反殖民、後殖民，這種自我矛盾的意識非常明顯，讓他們陷入一個深度被殖民的意識裡而跨不出來。所以他們沒有辦法面對年輕人很生猛的東西，年輕人不一定讀過什麼《想像的共同體》或其他理論，但卻用實際的生命在日常生活進行鬥爭。這些事情其實是嚇壞了這些我稱為『葉公好龍』的知識分子。」

即是說我們香港的知識分子，大部分在西方精英大學學術自由的環境受教育，回到香港教學研究

1　吳叡人：〈致一場未完的革命〉，《報導者》，2020 年 2 月 3 日。
　　https://www.twreporter.org/a/hong-kong-extradition-law-to-the-unfinished-revolution

也相信如此，從未經驗過政治學術審查的壓迫。至少我在中文大學二十多年教學經驗中，肯定這學術自主和自由。絕大部分教職員覺得這是理所當然的學術條件，沒有人會反對民主自由法治。在課堂和研討會上講解和辯論哲學和政治議題，止於學術象牙塔之內。但是我們不要忘記2014年的雨傘運動，主要的發起人包括香港大學法律學者戴耀廷和中文大學社會學學者陳健民。儘管這場運動最終失敗，但這是在香港多年努力建立的公民社會中，由學者自主引發出來的社會運動，影響深遠。因此，香港學者不全是「葉公」，不少是願意承擔「公民抗命」的知識人。當然這占整體大學學者是少數。「政治中立」是口號，「離地」教授仍是大多數。

我們是「國際」學者

吳叡人先生提出的第二個原因是：「我覺得他們無法面對這次運動裡面，香港人爆發出來的港人集體意識，也就是說香港人覺得自己就是一個 nation ——或者不要用 nation 的話，可以用 sovereign people，這個 sovereign 一般翻成『主權』，也可以翻成不受任何外來力量統治，是 self-governing，就是『自我統治』。香港人覺得他們自己應該得到自我統治的權利（They think they deserve to be self-governing）。當然所謂『自我統治』有個光譜，可以從最高到『獨立』到『聯邦制』的高度自治。」

吳先生這個原因有最大爭議性。他確定這場運動主要是由「香港獨立」的意念所推動。大部分同情「勇武者」的知識人，是同意「光復香港，時代革命」這口號，但不一定贊成「港獨」。本文暫不處理「光時」和「港獨」這兩個重要課題。我想回到吳叡人先生對香港知識分子的評論。他說：「我觀察到許多香港的專業人文社會知識分子，不願面對這種香港人民族或國族或政治主體意識爆發的事實，陷入了某種我稱為 collective self-denial，也就是集體的自我否認的困境之中，以致於不知如何去面對這

場革命，也不敢去承接歷史藉由這場革命向他們提出的任務，最終導致了集體缺席的狀況。」

吳先生續說：「很多香港的知識分子如同徐承恩所講的，陷入一種『虛幻的都會主義』。香港那些受西方教育的知識分子常常自以為香港是西方先進國家的一員，自以為自己是法國、美國或英國的一部分，屬於廣義最進步的歐美知識圈的一環，可是他忘了香港其實不過是中華帝國底下的一個殖民地而已，事實上只擁有極為有限的自治權，而且還不斷地被侵蝕。」

我們這一代在香港出生的教授，受英、美、澳、加、德和法國的博士學位訓練，一直覺得我們的教學和研究應該和歐美學術世界一樣，研究標準以外國為準。是以香港的大學以在世界大學排行榜上最前端為傲。而且的確，我們從不太關心吳先生的觀察，相信大學和政治是可以分離，我們是「國際」學者。[2]

鮮有學者評論香港的大學淪陷

香港知識分子對我們所處的學術環境評論和反思極少。在嶺南大學任教二十一年的退休社會理論講座教授彼得・貝爾（Peter Baehr）和現時仍在科大教學的穆嘉（Carsten Holz）教授是例外。[3]他們兩人在過去三年以英文撰寫關於香港大專學術界的現象，是鮮有敢言的文章。當然這些文章不在本地發表，也沒有中文譯本。無論這些文章有多少本地學者讀過，重要的是他們以獨立自主的學術立場，評論香港

---

2 「大學排行榜」和「學術自由」，以及大學與政治的關係，會在以後的文章討論。

3 彼得・貝爾是嶺南大學社會理論講座教授，漢娜・鄂蘭（Hannah Arendt）哲學專家，2021 年退休後離港，現出任美國南佛羅里達大學社會與政治思想中心研究員（Fellow at the Centre for Social and Political Thought, University of South Florida）；穆嘉，香港科技大學社會科學教授。

的大學淪陷的現象。

2022 年 4 月，彼得・貝爾在《社會》期刊發表名為〈在國安法陰霾下香港的大學〉[4]的專題文章，相信是至今評論香港大專學術界在過去三年內所發生的，獨一無二的文章。文首開宗明義說：「當我們聽到獨裁（dictatorship）這個詞時，殘酷的場景永遠不會遠離我們的想像：祕密警察在深夜或清晨強行進入住宅，逮捕茫然的居住者……我建議先不談獨裁者的拳頭，先看看其周遭的精神：機會主義、奴性和默許。我說的例子關乎一個專業——學術專業，這方面我可以聲稱知道一些事情。我寫了我在香港任教最後十八個月所目睹的事情，這段時期是中國共產黨幾乎完全控制香港的大學的高峰期。」

貝爾的文章並不止於評論在香港的大專學術界在國安法下的問題，也給我在本文開始時引勞先生的忠告的一個發展方向：在極權統治下學者教授如何自處。

貝爾在這篇文章的引言繼續說：「問題絕不是大學可以戰勝共產黨，那是不可想像的。問題是要捍衛，並公開地捍衛大學的獨立性，捍衛學術使命的尊嚴，直到它們從我們手中被奪走。在這之後，要遵循『不傷害』的古訓。」

4　Peter Baehr, "Hong Kong Universities in the Shadow of the National Security Law", *Society*, 59, 225-239 (2022). https://link.springer.com/article/10.1007/s12115-022-00709-9（中文由作者翻譯）。

崇基

基

CHUNG CHI COLLEGE

崇高惟博愛本天地立心無間東西溝通學術

基礎在育才當海山勝境有懷抱與陶鑄人羣

遵循不傷害古訓

　　嶺南大學退休社會理論講座教授彼得・貝爾的專題文章〈在國安法陰霾下香港的大學〉引言中說：「問題是要捍衛，並公開地捍衛大學的獨立性，捍衛學術使命的尊嚴，直到它們從我們手中被奪走。在這之後，要遵循『不傷害』的古訓。」

　　面對極權政府的打壓，能夠本著學術良知「公開」捍衛大學學術的獨立性和尊嚴，並不是容易的事情；沒有「免於恐懼的自由」的法治保障，每一個站起來敢於表達自己內心想法的知識人，都需要無比勇氣。他或她的公開發聲可能影響自身工作和家人的安危。因此之故，白色恐怖之下，沒有人應該為了義憤而做送頭的行為，因為這是不需要做思想言論烈士的年代。我們公開捍衛學術自由的權利被剝奪了，還可以做什麼？順大勢所趨，自我審查，安分守己，不挑戰任何權威，繼續做安全不帶政治的純學術研究？

　　自秦朝到中共兩千多年歷史中，文人學者為了表達自己的思想和政見，受文字獄的殘暴迫害不知凡幾；共產黨暴政下，反右運動和文化大革命殘酷清算知識分子的悲劇無數。但我們沒有好好地學習歷史，對共產黨仍有無知幼稚的期望。我們當然是錯了！在香港幾十年學術思想言論自由的環境現在結束，文字獄最後都要來臨。我們可以抵抗嗎？清朝文字獄對讀書人的打壓，肯定比香港現時嚴重得多，至少還不至抄家誅九族。清乾嘉學派不問朝政，不理民生，學術成就不是優秀嗎？我們在香港的大學，學者教授有全世界最佳薪酬待遇，現時還有研究「自由」，只要對當前荒謬絕倫的暴政閉眼，不理放棄學術自主的大學高層，小心盡責教學，做研究寫學術論文。依魯迅所言：「躲進小樓成一統，管他冬夏與春秋。」香港還未到文化大革命趕盡殺絕知識分

子的處境，因為香港學者教授對政權仍然有用。

香港學者與自由世界仍然相通

但這些是消極的方法，相信香港學者不會甘心同流合污，忍受白色恐怖。上篇文章說我們這一輩教授是「國際」學者，並不全是貶義。正因為我們受現今歐美自由世界的大學訓練，明白學術尊嚴和自由的重要性，同時我們的學術世界並不似大陸的封閉城牆，知識宇宙不能亦不會全面封殺。現在圖書館受審查的書籍仍然十分少，除非香港政府能夠學秦始皇焚書坑儒、學納粹1933年的燒書、關閉大學圖書館，以及全面監控互聯網，否則學術世界仍然開放給每一學者。與此同時，除了中文大學是以雙語教學，其他大學皆以英語為教學語言，香港的大學仍然是「國際」大學！我們和自由世界仍然相通，如果不能在香港發表言論，為什麼不可以用英、法、德語在海外撰寫文章，讓自由世界理解在香港發生的種種不合理、不公義的事。大陸和香港之外的學術世界沒有政治審查，只問學術標準。

貝爾的文章在國際期刊《社會》發表，尖銳批評香港的大學在國安法下淪落的現象。[5] 文章刊出後便成為公共學術領域的一部分，沒有任何獨裁政權可以隨意刪改。文中引述的資料全部可以查證。文章當然可以批評，但以學術理性為本，這些本來就是學術世界理所當然的守則。文章提出批判香港的大學的負面內容，顯然不會被當權者接納，極有可能定性為「惡意」侮辱香港的「學術自由」，仇視政府，屆時又可能被指觸犯國安法。幸好他的文章刊出多月，筆者沒有看到任何批判的言論，這至少

---

5 我在此不打算詳細討論Baehr文章的內容，讀者請參閱原文。Peter Baehr, "Hong Kong Universities in the Shadow of the National Security Law", *Society*, 59, 225-239 (2022). https://link.springer.com/article/10.1007/s12115-022-00709-9. 或參看沈旭暉在他平台的四篇文章「〔新香港〕學術自由」。

證明一點：真相是批評不到的——大學行政高層的懦弱和虛偽、對政權的跪地屈服、對異見教授的打壓、對學生會和學生報的封殺；大學教職員因種種自私原因而噤聲不反抗；大學甘心墮落將學術尊嚴和自主放棄不理、校長重複政權欽定的政策和口號。這些便是當前香港的大學在國安法陰霾下的現象。

貝爾並沒有站在道德高地指責留下的學者教授，他知道自己是即將退休的外籍教授，因為不能接受香港的大學學術界因國安法而淪亡的悲劇，憤而離開這生活了二十一年的地方。他本著學術良心寫下這篇文章做見證。他說：「像我這樣接近退休年齡、計畫回國的外國人，無法向香港人就如何為未來的歲月做準備提出建議。只有留在城市中的人，才有指導它的道德權利。此外，獨裁下的生存是一個學習和即興發揮的過程。不存在或不能存在任何計畫來指引如何應付這困難的處境。我寫這篇文章只是為了引起人們的關注，鼓勵那些在破壞自由的政權中努力生存的人們。」

遵循「不傷害」的古訓

事實上，貝爾在文首提及，我們如不能公開捍衛學術自由，不是投降和噤聲，而是要「遵循『不傷害』的古訓」。他將真相說出來便是捍衛學術自由的行動。但此地再不容他存在，因此我們要退一步，遵循古訓。這古訓相信是指「Primus Non Nocere – Above All, Do No Harm」。相傳是源自古希臘「希波克拉底誓言」（Hippocrates Oath）——西方醫師行醫前誓言的一部分：盡量幫忙，但最重要的是不能傷害他人。當然這本是醫師誓言，但同樣適用於獨裁專制下的學者教授。

醫生行醫有其道德責任，學者教授也應有責任。貝爾解說：「獨裁下的責任至少有兩個方面：不傷害他人的責任，以及對自己誠實的責任。」即是說我們在極權統治下生活，我們更要自覺地堅持立場和不做任何有損他人的行為：不為當權者賣力、不參加向當權者獻媚的活動、不出席升旗典禮和歌

頌權貴的儀式、不會為申請研究經費而出賣理想、不受升職加薪誘惑而違背信念，當然不篤灰、不出賣同事朋友、不會簽名支持任何官方活動的文件，及不寫任何沒有學術根據的文章。這些就是積極的不合作，同時是考驗我們人格的關口。一如法國哲學家沙特（Jean Paul Sartre）說，在納粹強權統治下的「自由」，每個人都要意識到要對自己所作所為負責任，因為是自由選擇下的決定。

以上提出積極不合作的看法，基本上不是筆者原創的。我們有幸在學術自由的年代，讀了不少在上世紀專制強權下生活的哲學家和知識人的著作。當然在那時代研究這些理論，以為只是循學理去研讀，以為這些是歷史思想，在課堂教導和在研討會討論的議題，但原來這是完全有存在關聯（existential relevance）。沙特、波娃（Simone de Beauvoir）、卡繆（Albert Camus）、鄂蘭、哈維爾（Václav Havel）等人的著作絕不過時，全部有參考價值。學者教授如何在極權統治下自處？最好的指引可能是哈維爾的「活在真相中」（Living in truth）和索忍尼辛（Aleksandr Solzhenitsyn）的「活著，並且不撒謊」（Live not by lies）。

時刻自省不參與謊言

如何活在真相中？哈維爾正正繼承沙特的自由的存在思想，每個人要時刻反省自己，不隨便跟循他人說法而表態；做任何重要行動的決定，要清楚知道自己的選擇理據，不會對他人有任何損傷，當然不會取悅權貴。

索忍尼辛是在史達林年代被迫害的諾貝爾獎作家，被蘇聯共產黨放逐。如何在謊言世界中活下去？他寫道：「要想找回我們自暴自棄的自由，最簡單、最容易的方法就是，你作為個人絕不參與謊言。雖然謊言遮天蔽日，無處不在，但是休想從我這裡得到支持。只要我們不合作，鐵桶一般的包圍圈就有一個缺口。這是我們能做到的最簡單的事情，但是對於謊言，卻是最具有毀滅性。因為只要人

們不說謊，謊言就無法存在。」

他的具體提議是：

雖然我們每個人都是膽怯的，但是讓我們做出一個選擇。要麼你自覺地作為一個謊言的僕人（當然，這並非由於你贊成謊言，而是由於你要養家，你不得不在謊言之中把孩子們養大），要麼你就脫掉謊言的外套，變成一個忠實於自己的人，得到你的孩子和同時代人的尊重。

從今以後，你：

- 不以任何方式書寫、簽署、發表任何一句在你看來不是真話的句子。
- 不在私下或公開場合，以宣傳、指導、教授、文藝演出的形式，自己說出或鼓動他人說出，任何一句在你看來不是真話的句子。
- 不描述、培育、傳播任何一個你認為是謊言或是歪曲真相的思想，不管它的形式是繪畫、雕塑、攝影、科技、或者音樂。
- 不以口頭或書面的形式，不為了個人利益或個人成功，引用任何一句取悅他人的話，除非你完全認同你所要引用的話，或者它確實準確反映了實情。
- 不參加任何違背你心意的集會或遊行，也不舉手贊同任何一個你不完全接受的標語或口號。
- 不舉手為任何一個你不真心支持的提議背書，不公開或祕密投票給任何一個你覺得不值得或懷疑其能力的人。
- 不同意被拉去參加任何一場可能強姦民意或歪曲事實的討論會。
- 如果聽到任何一個發言者公然說謊，或者傳播意識形態垃圾和無恥的洗腦宣傳，你應當立即退出

該會議、講座、演出、或者電影放映場合。

• 不訂閱或購買任何歪曲事實或者隱瞞真相的報紙或雜誌。[6]

　　在當今「謊言即真理，強權即民主，服從即自由，人治即法治，馬照跑，舞照跳，吃喝玩樂即太平盛世」的香港，勞思光、彼得・貝爾、哈維爾和索忍尼辛，都是指引我們的大學學者教授如何在極權統治之下自處的良方。我們要繼續反省當前的困境和思考哲人智者的言論。

6　轉自壹讀（https://read01.com/zPK3MBK.html）

「在所有科學價值中，最大的一定是懷疑的自由。」——理查・費曼

(Of all its many values, the greatest must be the freedom to doubt. — Richard Feynman)

中文大學校長段崇智在最新第七期《走進中大》如是説：「上星期，香港中文大學就香港特別行政區行政長官將於10月19日發表之任內首份《施政報告》公眾諮詢提交正式建議書。香港擁有五間全球百大大學，高等教育成就獲舉世公認，若能善用大學的獨特優勢，定能為國家創造無限價值。」

「多年來，香港各家大學在『一國兩制』下穩步發展，如今在國家高速發展的勢頭下，高等教育界必須思考如何為本港的未來帶來更大貢獻，幫助香港融入國家發展大局。中大不但吸引了全球頂尖科研人才匯聚香港，更積極建設科研平台，推動香港發展成創科之都，甚至成為粵港澳大灣區的核心樞紐，貢獻國家發展。」[7]

根據2023年QS世界大學排名，香港中文大學排第三十八位，比美國紐約大學還要高一級。[8]段崇智當然引此為傲！但如果段校長在國際學術場合上，被問到中大的大學排名和學術自由指數為何相差懸殊時，他會如何回應？他或會背書指責「學術自由指數」是歐美世界別有用心的奸計，儘管大學排行榜也同是歐美世界創造出來的。他又或會再一次宣讀香港《基本法》第一百三十七條「各類院校均可保留其自主性並享有學術自

7　第七期《走進中大》，08/2022。

8　*QS World University Rankings*, 2023: *Top global universities*, https://www.topuniversities.com/university-rankings/world-university-rankings/2023

由」，然後面不改色説中文大學享有學術自主和自由，現在和2019年前沒有改變，一切依「法」執行。

我們相信嗎？中大校友會同意嗎？

香港學術自由急跌

在當前中文大學裡，任何反對、質疑或評論香港政府和共產黨的言論、文章、講座或研究，都全被禁止；共產黨政權在過去七十多年，所有暴行的歷史是禁區，只有官方欽定的黨史；任何雨傘運動和反送中抗爭的討論或表述皆是違法；任何對香港和中央領導人的批評都是錯誤的。無論這些議題是以歷史、社會、政治、法律、新聞或哲學的學術理論出發，全都是有問題和危險的。教學和研究有預定的唯一「真理」，有確定的方向。大學管理層全方位監控同學和老師的言論和行為。沒有學生會、學生報，沒有民主牆，沒有自由公開的辯論。相信中文大學與大陸的大學已快看齊，距離每學院、學系都設「黨委書記」正式指導學術，跟隨中央的日子不遠。2019年之前的中文大學會有如此現象嗎？我們還有學術自由嗎？香港在世界學術自由指數近年急跌，最新分數只得0.208，獲評D級，已接近跌入與大陸齊名的E級邊緣，排名在柬埔寨之後。[9] 段校長又如何回應以上的觀察？

段崇智作為美國訓練出來的科學家，應該理解什麼是科學精神和學術自由。他是否會覺得中大學術自由沒有改變，「學術自由指數」沒有意義？還毫不羞恥地為威權統治下的大學辯護？讓大學成為服務政權的知識工廠？

9　Katrin Kinzelbach, Staffan I. Lindberg, Lars Pelke, and Janika Spannagel. 2022. *Academic Freedom Index 2022 Update*. FAU Erlangen-Nürnberg and V-Dem Institute. DOI: 10.25593/opus4-fau-18612

現仍在香港科技大學的社會科學教授穆嘉去年在《世界大學新聞》(*University World News*) 發表的文章，便是質疑大學排名不可能和學術自由脫鈎：〈世界大學排名是獎勵獨裁主義〉[10] 中他開宗明義說：「目前的大學排名掩蓋了我們最重視的東西：自由的學術討論。」

穆嘉在文中指出學術自由對大學的重要性：「1935年，羅伯特・哈欽斯 (Robert Hutchins) 以芝加哥大學校長的身分發表了題為『什麼是大學？』的演講，他說：『沒有探究的自由、討論的自由和教學的自由，大學就不可能存在』，『教育的目的不是用事實填滿學生的頭腦；不是重新塑造他們，或逗他們開心，或使他們成為任何領域的專家技術人員。它是要教他們思考，如果可能的話，並且總是為自己思考。』在一個極權主義政權下，沒有探究的自由，沒有討論的自由，沒有教學的自由，也沒有學習為自己思考的自由。用共產黨的全面領導『代替』思想自由，用黨的『真理』代替對真理的追求，無異於公開宣布這個機構已經放棄了被視為大學的權利。那為什麼它還被列入大學排名？」[11]

宣揚思想自由的價值

段校長可以回答：「中大校訓『博文約禮』不包括學術自由，這些是西方大學的理想而已。」但是他不要忘記中大不是「國子監」，是西方大學傳統出來的大學。中文大學學科的知識都是從學術自由的背景創造出來的。

穆嘉在結論說：「泰晤士高等教育世界大學排名 (THE) 是獎勵極權主義政權，因為他們將學術界

10 Carsten A Holz, "World university rankings are rewarding totalitarianism," *University World News*, 17 April 2021.
11 同上。

轉變為一個嚴格控制的系統，目標是實現極權主義所期望的技術進步，而人文和社會科學則淪為一片沒有靈魂的荒地。人類的價值觀讓位於對偉大領袖的順從。一批被閹割的偽學者作為期刊編輯、審稿人和文章作者，塑造了世界性的研究領域。在一個沒有思想自由的世界裡，重點大學建立在嚴格服從共產黨的基礎上。」

相信在中大的科學教授，尤其是物理學教授，必然讀過或受教於美國偉大的物理學家——理查・費曼（Richard Feynman 1918-1988）。他在 1955 年的演講〈科學的價值〉（The Value of Science）值得每一個大學生仔細研讀。[12] 科學的價值並非止於創造知識和引領科技；改變人們對世界宇宙的理解，始於人類對宇宙萬物的發問。這種從古希臘哲學以來所強調的好奇心和想像力，成為一切科學的基礎，但這預設思想自由。費曼的結論：「作為科學家，我們知道偉大的進展都源於承認無知，源於思想的自由。那麼這是我們的責任——宣揚思想自由的價值，教育人們不要懼怕質疑而應該歡迎它、討論它，而且毫不妥協地堅持擁有這種自由—— 這是我們對未來千秋萬代所負有的責任。」

沒有這種思想自由，沒有對權威的質疑，沒有對唯一真理的反叛，大學只淪落為獨裁強權的知識工廠，學者教授只是高薪厚祿的技術人員而已。

西方科學從古希臘到現代的二千多年就是「繼承與叛逆」的發展史。陳方正教授七十多萬字的巨著便是證明這點科學的價值。[13]

---

12 Richard Feynman, "The Value of Science", *Engineering and Science*, Volume XIX, December, 1955. 中文翻譯：李沉簡，〈堅持質疑和思想自由的權利〉，《獨立中文筆會》，2018 年 3 月。

13 參看，陳方正：《繼承與叛逆：現代科學為何出現於西方》增訂版，香港：中華書局，2021 年 10 月。

香港中文大學校訓為「博文約禮」。「知識深廣謂之博文，遵守禮儀謂之約禮。『博文約禮』為孔子主要的教育規訓，其言載於《論語》：『子曰：君子博學於文，約之以禮，亦可以弗畔矣夫。』本校教育方針為德智並重，故採『博文約禮』為校訓。」[14]

的確，遍查中文大學的校訓和使命，「學術自由」不在其內！中大的使命是：「在各個學科領域，全面綜合地進行教學與研究，提供公共服務，致力於保存、創造、應用及傳播知識，以滿足香港、全中國，以至世界各地人民的需要，並為人類的福祉做出貢獻。」因此之故，中文大學是功能性的機構，主要任務是滿足香港和中國的需要！教學自主和學術自由並不重要。我們這批學者教授從歐美大學念博士，以為學術自主和自由是理所當然的大學信念，如果不是國安法的出現，我們都一廂情願地以為中文大學恪守這普遍原則！

1988年，在波隆那大學（Università di Bologna）成立九百周年之際，創立了《歐洲大學憲章》（Magna Charta Universitatum），這是對大學使命所依據的基本原則的宣言和肯定：

第一，獨立性：研究和教學必須在思想和道德上獨立於一切政治影響和經濟利益；

第二，教學與研究不可分割：讓學生們參與研究，在研究中加深對知識的理解和掌握；

第三，大學是自由地探索與辯論的場所，堅持開放性和包容性的特色。[15]

---

14 香港中文大學的願景和發展。https://www.cuhk.edu.hk/chinese/aboutus/mission.html

直到 2020 年，全世界有九十四個國家九百四十七所大學簽署《歐洲大學憲章》，其中只有四所中國大學：南開、北京、同濟和武漢大學，以及澳門的聖若瑟大學。可惜沒有一所香港的大學簽署！16 誠然，簽署了憲章的大學實際上不一定全面貫徹所有原則，但至少每所大學是向這國際學術世界肯定憲章的信念和承諾執行。因為二十一世紀的大學，無論在任何地方，都是從九百多年前建立的波隆那大學這原型發展出來的。17

學術世界基本上沒有國界，所有學科都屬於這學術宇宙，正如物理學沒有西方或中國物理學。《歐洲大學憲章》的中心信念就是學術自由！

中國春秋戰國是唯一思想自由開放的年代，可惜自從秦統一天下，焚書坑儒以確定「真理」，之後漢武帝「獨尊儒術」開始，中國再沒有「百家爭鳴，百花齊放」的時候。從漢朝建立太學到清末，學術自由從來都不是議題。歷代的文字獄是專制政權打壓思想和言論自由的武器。太學是官學，是培養為朝廷服務的士大夫，科舉制度是文人透過考試而進入建制的渠道，「十年窗下無人問，一舉成名天下知」便是所有讀書人夢寐以求的晉升統治階層和飛黃騰達之路。這也是儒家「治國，平天下」的忠君愛國思想。

但這科舉制度上世紀應該隨著辛亥革命送入歷史裡。「五四運動」和「民主與科學」是從北京大學蔡元培的自由教育思想引發出來。北京清華大學王國維紀念碑上陳寅恪所寫的：「獨立之精神，自由之

---

15 2020 年《歐洲大學憲章》。https://www.magna-charta.org/magna-charta-universitatum/mcu2020

16 《歐洲大學憲章》簽署大學名單。https://www.magna-charta.org/magna-charta-universitatum/signatory-universities

17 波隆那大學。https://www.unibo.it/en/university/who-we-are/our-history/our-history

思想」更肯定大學學術追求的理想![18] 是以中國的大學精神與《歐洲大學憲章》是一致的。中國的大學不是官方太學。

遺憾的是共產獨裁政權從來不以學術自由為大學的主導思想。2019年，中國復旦大學、南京大學和陝西師範大學，將學校章程條款改為「堅持黨的全面領導」，其中復旦更刪除「學術獨立」、「自由」等字眼。[19] 大學教育是為共產黨服務，學術自由是叛離獨裁政權的潛伏危機。因此之故，香港中文大學，作為一所大陸大學，基本上已經脫離國際大學的基本精神，完全臣服於專制教育制度，沒有簽署這憲章便不足為奇。

世界大學排名高低如果不和學術自由指數掛鉤，正如科大穆嘉教授所言，排名只是獎賞獨裁政權。中文大學如果不尊重學術自由，理應從大學除名。中文大學已經變成中文「太學」。

中大同學、校友和教職員會接受「太學」這悲哀的事實嗎？

---

18 王國維紀念碑。https://zh.wikipedia.org/zh-tw/王國維紀念碑

19 〈「學術獨立自由」被刪，中國復旦大學師生爆氣！集體唱校歌抗議，要校方別「諂媚逢迎」〉，《風傳媒》，2019年。https://www.storm.mg/article/2083365?page=1

第二部

銅雕能言

2019年前的香港中文大學當然不是太學。

我們中大人憤怒、悲哀、傷心，是因為中大不單是全世界最美麗的山城大學之一，亦是最開放、擁有學術自主和自由，是讀書、教學和研究的地方；一如香港人的悲憤，是因為獨裁政權將最自由開放的國際城市香港謀殺了，同時亦將中文大學昔日的光輝推進歷史中。

令中大人引以為傲的不是段崇智關心的世界大學排名，而是中大的同學、教授和學者，以及新亞的中國人文學術精神和崇基的西方博愛自由教育傳統。這些和Xiang-gang沒有連繫，更和共產黨的獨裁極權無關，因為新亞和崇基創校諸賢是避秦南下流亡到香港的，他們逃離專制獨裁和不尊重學術自由的共產政權，希望在自由法治的香港繼續教育理想。

中文大學和其他七所大學不同的地方，就是這兩個教育理想傳統，除此之外，相信是豎立在這山城校園的七個戶外銅像，沒有其他香港的大學有如此裝置：孔子、孫中山、李卓敏、楊振寧、高錕、唐君毅和勞思光。2010年六四後進入中大校園火車站前的民主女神像，以及2019年10月反修例女神短暫擺放在民主廣場上可算是異數。但無論如何，這些銅像和雕像全是中文大學精神的藝術表現，亦是中大最引以為傲的象徵。

孔子和孫中山和中文大學只有精神連繫，兩個女神像是藝術創作。其餘五個銅像都和中大有親切的關係。

我們可以從孔子雕像講起。1998 年中大的孔子像，象徵新亞書院的立校精神。中文大學的孔子雕像與中國大陸的孔廟不一樣——絕大部分孔廟的孔子像均為帝王將相，歷代的皇帝都給了謚號歌頌孔子。香港雕塑家文樓為中文大學雕塑的孔子像卻很平民，因為並不是強調他在中國政治歷史上的重要性，而是重視孔子的教育思想。孔子銅像旁的竹節上刻有《論語》「學而不厭，誨人不倦」兩句：學習乃無止境的，而且要不斷教化世人。

這種強調儒家思想的人文精神傳統便是新亞書院立校的基礎。1949 年避秦南來的學者如錢穆、唐君毅和牟宗三，均以孔子作為為學與做人最高的典範。從銅像座向來說，孔子像朝北，代表北望神州，冀望將來儒家人文精神可重回大陸。顯然這種盼望到此時是落空的。信奉唯物主義無神論的共產黨當然不會接受儒家人文思想。新亞諸賢的理想至今可能已成為空言：「手空空，無一物」，「艱險我奮進，困乏我多情」，在「新香港」專制政權統治下的大學並沒有多大意義了。

孫中山像並不容易找，這個跟孔子像一樣都是與中文大學沒有直接關係的偉人，是在逸夫書院底部草坪上，2010 年由孫中山的孫女孫穗芳捐贈中大。孫中山先生年青時代在香港受教育，被當時開明政府和自由社會影響，孕育革命思想並策畫起義活動。三民主義：民族、民生、民權，是民國建立的信念。可惜孫中山先生的思想似乎從來沒有在中文大學被重視，也沒有任何課程專門探討三民主義。

三個雕像，三位科學家

說到真正與香港中文大學有密切關係的就是李卓敏校長的雕像，它由大陸雕刻家吳為山在 2004 年創造。這個像放在中國文化研究所中庭，由陳方正先生捐贈。李校長「結合傳統與現代，融會中國與西方」的創立中大精神，仍然是中大立校理念。但這只是方向性的話語，並沒有確定內容和意義。

右｜李卓敏校長像
上｜中國文化研究所中庭裡的李卓敏校長銅雕

諾貝爾獎得主楊振寧像　　　諾貝爾獎得主高錕像

百萬大道的楊振寧像由吳為山雕塑和捐贈，楊先生 2007 年為自己的雕像揭幕。作為諾貝爾獎得主，這也是為他設立雕像的原因。高錕乃第二位中文大學諾貝爾獎得主，為香港中文大學帶來的貢獻極大。這個雕像表達了高錕先生的謙虛。

李卓敏作為中大第一任校長，對中大貢獻不需多言。高錕校長對發展中大成為國際研究型大學至其重要，但高先生的光纖研究成就是他到中大前就已完成和被肯定。楊振寧是在美國大學退休後才到中大，他的物理學研究不在中大進行。這三個銅像是大陸雕刻家吳為山所創造，三個銅像都是個人捐贈而來。餘下兩個銅像則是全世界校友捐助成立的。

唐君毅先生雕像

2009 年是唐君毅先生百歲冥誕和中大哲學系成立一甲子。[1] 唐先生是哲學系創系主任。這銅像是為紀念這兩件事而建造。

當時筆者是哲學系系主任，和幾位同事朋友商量有什麼方法對唐先生表達敬意，那就是趁這個機會設立唐先生像。唐先生的雕像放在孔子之下，使孔子望著唐先生。雕像的造型根據唐先生一本書的封面相片，和梁啟超的詩句「世界無窮願無盡，海天寥廓立多時」引發而成。只憑一張相片，懇請香港雕刻名家朱達誠先生造像。朱先生回憶說：「當我看到唐先生這幅站立的相，先生望向蒼茫大海哲思無限的神態強烈觸動了我！很快就以此為依據塑出初形，並按校友們的意見在放大塑造時，通過深鎖的眼神、緊閉的嘴角及被風吹動的衣衫，再現唐先生博大寬廣的大師胸懷……」

故此唐先生銅像繞著雙手，嚴肅地向北方外遙望，表達了唐先生一生花果飄零的心態和為中國文化憂患和衰落之情。雕像在新亞書院圖書館側，新亞水塔之下，孔子像在上，唐先生像看著學生來回圖書館和飯堂。相信唐先生也滿意我們將他放在這裡。

1　新亞書院成立於1949年，當時只有教育及哲學系，後來中大哲學獨立成系，但根源於教育及哲學系，因此2009年也算是哲學系成立六十年。

對頁｜孔子像與下方的唐君毅雕像
上、右｜孔子像

孫中山先生雕像

中文大學戶外的七個銅像中，唐君毅和勞思光雕像是由中文大學哲學系校友會策畫和推動，同學、老師和海外校友齊心協力而成的。相信這由下而上、眾志成城的造像過程，除了唐、勞兩個雕像之外，中大沒有其他例子，在香港其他大學似乎也沒有。那個是自由開放包容的年代，由哲學系校友會發起，循正常程序向校方申請放置銅像和安置地點，然後向全世界校友和各方人士籌款，標誌著中大人和世人對豎立兩個銅像的支持與肯定，而不是由校方高層決定和捐贈成事。

選址安放唐先生銅像經過不少磋商，最後決定放在孔子像下的草坪。能夠讓唐先生的精神具體地重回新亞，當然是雕刻家朱達誠老師的藝術成就。2009年初校友會同仁探訪朱老師在廣州的工作室和鑄銅廠，目睹朱老師透過唐先生的一張相片，由石膏模型到銅像，將青銅從無生命的物質，演變成為有精神生命、栩栩如生的雕像，大家讚嘆不已。同年5月14日，朱老師將已完成的銅像穩穩安放在新亞圖書館側的草坪上，讓唐先生重回新亞書院。我們深信個人生命雖然短暫，但藝術和思想卻是永恆的。這個屹立在新亞的銅像，只要新亞書院繼續存在，他也會長存於世上，永遠是新亞精神的象徵。

朱老師說：「銅像所要體現的就是一個『憂』字，即唐先生憂國憂民的精神。另外一個重點是銅像懷著希望，看著遠方，視線和同在新亞草坪的孔子像一致。近觀這兩米高的銅像，彷彿回到那神州板蕩、中華文化花果飄零的時代。」[2]

---

2 《中大通訊》第339期，2009年6月4日，頁6。

余英時為唐君毅銅像銘文

　　2007年我們開始集資，不論捐錢多少，都不顯露捐款人姓名。我們收過一位中學生幾十港元的捐款，並寫上對唐先生敬佩的話，令我們甚為感動。但在芸芸捐款人中，最令我們驚訝的是來自美國普林斯頓大學余英時先生的來信和支票！向公眾募款當然要向全世界的中大、新亞和哲學系校友去信募捐，但我們沒有，也不敢寫信給余英時先生談及造像此事，更何況籌款！因為學術界知道中文大學在1974年改制時期，唐君毅和余英時的衝突和嫌隙。當時余先生身為新亞院長主張支持中大改革，從聯邦制改成為單一制的大學。唐先生與新亞元老竭力反對改制，指責余先生違背新亞理想，是為叛徒。[3]即使唐先生去世後，二人的關係似乎都沒有辦法釋懷。余先生是次主動來信並捐款，令我們雀躍不已。

　　募款結果很成功，款項超過造像工程所需。接下來便是決定誰寫銅像下的銘文。我們討論很久，但都想不到最合適的人選。筆者是唐先生和余先生後輩，不敢評論他們兩人的關係，但作為造像當事人，決心大膽去信余先生，懇請為銅像撰寫銘文，因為當今之世沒有人比余英時先生更合適。未幾即收到余先生正面回覆，答允執筆！唐君毅銅像加余英時銘文，肯定是華人學術世界的一件大事！

　　翌年九月，余先生寄來銘文，才得悉先生之前抱恙多月，患病中仍執筆撰寫，我們實有難以言喻的感動。信中寫出銘文三百七十八字，分成三段：「首段説先生之學及其主要著述，次段論香港施教之成就，三段則説先生與新儒家之淵源。此三層皆先生學術生命之精要部分，無一可省。」[4]

3　有關唐先生與余先生在中大改制之事宜，詳情參看：「周言：余英時與中大改制風波」。《致知》，轉載自《南方周末》。《南方周末》http://www.infzm.com/contents/97879；《致知》https://sparkpost.wordpress.com/2014/01/31/周言：余英時與中大改制風波/
4　引文見附上余先生給筆者之信件。

銘文全面肯定唐君毅的學術價值，以及對新亞及人文世界的影響。但最重要的是余先生以這銘文冰釋他和唐先生多年來的恩怨。余先生銘文末段落款以唐君毅門人自稱，重新確認他和唐先生的師承關係。此見余先生的謙虛和寬容，胸懷坦蕩，不計前嫌。

余英時在接受《中大通訊》探訪談及唐君毅百歲冥壽時，肯定了香港中文大學為唐先生立像的意義：「唐先生去世後，我們在形式方面沒有給他一個適當的紀念。今天哲學系以及新亞受過唐先生教育的許多同仁，決定要建立一個銅像，我覺得是一個重大的文化發展，也是一個文化標誌。這說明我們從1949年到今天，整整六十年來香港的文化面貌所起的重大變化，而這個變化的一個最重要因素就是唐君毅先生。」[5]

中外哲學家見證唐君毅銅像揭幕

唐君毅銅像揭幕典禮於 2009 年 5 月 20 日在新亞草坪舉行。中外哲學家齊來見證這學術盛會。開幕

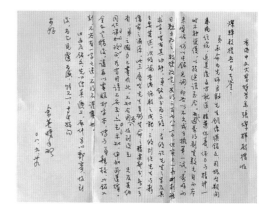

余英時教授來信

5　同註一，頁7。

余英時教授撰唐君毅先生銅像銘文

時，唐先生外甥王康遠從四川來港在場。發言時朗誦一首詩詞，非常感人！余先生因為有病在身，不能赴港參加典禮；美國哥倫比亞大學的狄百瑞教授（William Theodore de Bary）[6]，因年事已高，也不能親身到會。筆者在典禮前一個月，親自飛往普林斯頓和紐約，拜訪這兩位和唐先生有親切關係的知名學者，為他們在典禮上播放的講話錄影。在場的教授學者對唐君毅的學術成就和對中文大學的貢獻無一異議。當時的中大校長劉遵義教授於儀式上致詞，讚揚唐先生「一生馳騁於中西哲學，以開發中華傳統文化、重建中國人文精神為己任」。更確定此銅像是中大精神象徵。[7]

自此以後，唐君毅銅像嚴肅地站立在孔子像下，每天遙望北方，同時看著同學和教授來回圖

6　編按：即第二屆唐獎得主、漢學家狄培理。de Bary 於 1948 年赴中國燕京大學求學，錢穆為其取名為「培理」，但 1982 年香港新亞書院出版其著作時譯之為狄百瑞，後通用。2016 年獲唐獎後正名。

7　同上。

書館、食堂與宿舍。

可惜的是，唐先生銅像並不受到合適的重視，後繼並沒有關心和保養這座新亞和中大的精神象徵。在2017年9月左右，當筆者重訪唐先生，見到銅像生銹剝落和面容佈滿蜘蛛網的情況時，禁不住哽咽落淚。

唯物主義者不相信人文精神？

銅像是中大哲學系校友會捐贈給新亞書院，籌募的款項扣除造像費用之外，全數捐獻予新亞作為唐君毅學術獎學金。這銅像放在新亞書院草坪，理應由新亞院方負責管理。無數新亞人和教授，包括院長在內，每天都會經過這銅像，竟然沒有人注意和關心銅像的情況。能不悲夫！

筆者已退休，與新亞書院沒有關係，但仍是哲學系校友會會長，因此只能拜會時任新亞院長黃乃正教授求助。朱達誠老師說維修費只需二萬港元，黃院長起初是答應的，也批准朱老師動工。但隔了幾星期沒有任何動靜，查詢朱老師得悉新亞不願意付錢。我當然十分困惑，再次拜訪院長理解情況。這次會面令我非常憤怒和沮喪。

黃院長說新亞書院不能夠給錢，因為放在新亞的銅像不一定

唐君毅先生銅像銹蝕和面容佈滿蛛網

由新亞書院負責，他說這個雕像只不過是借用新亞書院的地方，沒有任何文件支持需要書院做維修工作。最後作為化學系教授的新亞院長說了一句讓我詫異萬分的話：「我是一個唯物主義者，不太相信精神價值，所以雕像放在哪裡也沒有關係。」我聽後，一言不發馬上離去。

中文大學改制時，唐先生指余英時為「叛徒」。事隔多年，當然證明余先生絕不違背新亞精神。他是唐先生學生門人，一生都是新亞人。如果唐、余兩位先生親耳聽到同是新亞院長黃教授的話，能不悲憤莫名？誰是新亞叛徒，誰違棄人文精神，當然不是歷史學家余英時教授，而是教授自然科學的科學家！唯物主義和人文精神的確是不能並存！

沈祖堯干預　銅像重現風采

幸好當時的中文大學校長沈祖堯並無此淺見。筆者去信沈校長求助並談及此事：「令人遺憾的是，這座作為我們大學中國文化象徵的雕像，現正被剝奪其價值和尊嚴。這座雕像在過去八年沒有得到照顧，也沒有進行任何基本的維修護理，例如定期清潔和拋光，這是一種恥辱。我們的許多校友表達了不滿，有些甚至為我們尊敬的老師雕像受到這種有辱人格的待遇而哭泣。我們不禁想知道，為什麼大學可以容忍這種情況，並給我們敬愛的唐教授帶來如此巨大的不尊重。中大哲學系校友會認為自己無能為力，因為雕像不是校友會的財產，在這種情況下根本無法干預或提供幫助。」[8]

沈校長一天後立即回信：「感謝您告知我們唐教授雕像的狀況。唐教授是我們大學的標誌性人物，更不用說他在哲學系和新亞書院的貢獻。我會通過郵件請求林先生看一看唐教授的雕像，並提供必要

8　原文是英文，引自中大哲學系校友會致沈祖堯校長的信，2017年11月6日。

的維護工作。如有必要，我們會向校友會尋求幫助。」9

銅像維護事件經中大校方積極參與後，唐君毅銅像再次重現當初的風采。

可惜這位注重人文精神，與學生同行，有平等意識和親和力的醫生校長到2017年底便退下。另一位科學家段崇智上任，面對兩年後香港和中文大學成立六十年的最大危機。2020年之後，香港淪亡，中文大學也跟隨淪落。唯物主義共產黨極權專制當政，唐君毅的人文學術精神相信也沒有什麼大意義。正如唯物主義者新亞院長所言：銅像放在哪裡也無所謂。

當然我們中大人、新亞人永遠不會忘記唐君毅銅像、中大理想和新亞精神。

9　原文是英文，引自沈校長回覆校友會的信，2017年11月7日。

勞思光先生雕像

2009年5月唐君毅銅像揭幕典禮時，勞思光先生是主禮嘉賓之一。唐先生銅像雕塑家朱達誠當然也在其中。筆者趁機會細語向朱達誠說：「老師，請留意勞先生的面容、表情和身體，可能有朝一日你會為他造像。」想不到，這句話不到十年便成為事實！

勞先生銅像能夠在2017年於崇基未圓湖旁安放，完全是意料之外的事情。因為在唐先生銅像後，中文大學高層向筆者說：這應該是校園戶外最後一個銅像，除非有很特別的原因，大學當局再不允許豎立雕像。事實上申請擺放雕像十分困難，人物肯定是學術界有特殊地位和對中大有影響力，加上要批地建立像基等等問題。建築物內是另一情況，錢穆半身像在新亞圖書館；沈宣仁頭像在崇基圖書館側的宣仁通識教育中心；馮景禧、許讓成等等捐款人的頭像擺放在對應的中大建築物內。

唐先生1974年從新亞退休，1978年逝世，聽他的課和見過面的同學很多已經不再於學術界活動。但勞先生不同，儘管他1985年正式從中大哲學系榮休，直到他逝世為止，先生在香港和台灣仍然活躍於學術界，著述講座無數。在世最後十多年他的學術成就更廣為世人肯定，獲學術榮譽不少，受無數後輩學生學者尊崇。

沈祖堯赴台送別勞師

2012年10月21日勞先生逝世。同年11月10日在台北舉行送別儀式。筆者和幾位與勞先生有親切關係的同門師兄弟在殯禮兩天前已到台北。勞先生在台灣是中央研究院院士，重要的哲學家和公共知識人，晚年極受社會和學術界尊崇，是以時任台灣總

統馬英九到場親臨悼祭，並頒贈褒揚令，感念這位學貫中西、敦厚包容、清流議政一代哲人的嶙峋風骨。但令筆者感動和驚訝的是中文大學校長沈祖堯從香港趕來台灣，代表大學悼念勞先生。多年後我才知道是周保松建議沈校長到台北出席喪禮。[10] 儀式中馬英九和沈祖堯、關子尹、劉國英及筆者握手致意。相信這聚會令沈校長留下極深印象，埋下為勞先生造像的種子。

　　同年 12 月 16 日中文大學哲學系舉辦勞先生追思會。香港學術界、大學同仁、先生的學生和朋友聚首一堂，懷念這位我們最尊敬的老師。沈校長致詞，極度讚揚勞先生的學術成就和不屈的學者風範。致詞後公開向筆者和聽眾建議為勞先生造像，將老師從台灣再請回來香港，安放在中文大學校園內，成為中大人文精神的典範。

　　筆者當時有點不相信自己的耳朵，這顯然是求之不得之事！如果造像建議是從我們學生後輩而來，我不相信銅像能成為事實，但這是沈校長親自提議，便是最堅實的起點。我那時候仍是中大哲學系校友

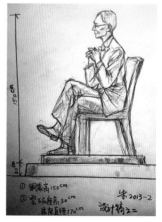

勞思光先生雕像草圖（朱達誠老師提供）

---

10 周保松：〈以學生為念：記沈祖堯校長〉（《校長畢業了：亦師亦友心底話》，香港：中文大學出版社，2019。「2012 年 10 月 21 日，勞思光先生在台北病逝。我和沈校長說，勞先生一生服務崇基和中大，桃李滿門、著作等身，是極受敬重的哲學家，為表大學對勞先生的敬意和謝意，最好他能夠親自前往致祭。沈校長二話不說，馬上安排行程，並邀我同行。事後回看，勞先生的追思會，備極哀榮，馬英九總統亦前來鞠躬慰問，沈校長率中大哲學系師生數十人向勞先生作最後道別，誠是莊嚴得體。」

會會長，義不容辭代表校友會欣然接受這重任，繼唐君毅銅像再次啟動造像工程。儘管我們有校長的首肯，工作不是由校方推動，仍然是我們自己去處理，根據上次唐先生銅像經驗，基本上有四個問題：選地、雕像、募款和銘文。

之後筆者以校友會名義向香港、台灣和全世界校友宣布這興奮的消息：勞思光老師將重回中文大學。

大學准許立像和批地是最重要的基礎，沒有官方的明文確認，其他工作不能啟動。本以為校長答應了，開會批准不過是例行公事，正式批核是遲早的事。但事情不是這麼簡單，我們等待差不多三年才得到正式確實，此事容後再說。

定勞思光坐像草案

雕刻家朱達誠欣然接受雕塑任務。他多年後對筆者說：「你對我說那句話的時候，正是為唐先生銅像剪綵結束後校方安排的自助晚餐中，所以我特別找到離勞先生用餐很近的位置仔細觀察，勞先生的面容儒雅慈祥、身形偏瘦、動作平穩，是一位可敬的長者，這是觸動我的第一印象。當時更令我觸動的是勞先生的學生和弟子們，對唐先生及勞先生兩位大師發自內心的尊敬，是尊師重道的典範！也為我多年後為勞先生塑鑄銅像開始激起崇敬的心。」朱老師很快提出銅像兩個方案：站立的和坐下來的雕像。

經過多次的討論和思索，我們覺得勞先生應該和唐先生不同。儘管兩位老師對中華文化的關懷至深，唐先生是新儒家，以復興儒學為己任，但勞師不盡相同，他肯定以開放精神面向世界，中華文化最後要融入世界才有意義，他確信自由人文主義，反對極權專制。同時他親近學生，願意和學生討論

問題，強調為師之道不是傳道和授業，而是解惑；不是高高在上遙望北方，而是面向當前社會和同學；不是憂鬱悲天憫人的面容，而是親切帶著微笑慈祥的容貌；坐下來翹著腳面對學生是勞師生前的經常坐姿。銅像豎立之後，同學們可以在草地上圍著老師聽教授講課，誠為一大樂事。我們最後決定選擇坐姿的勞先生為銅像模式。

　　銅像草案有了，但沒有確定地方安放，募款根本不能開始。筆者每隔一段時間便去信沈校長，查詢批地事宜，但總是石沉大海，沒有回音。如是過了兩年，2014年雨傘運動之後，筆者一位學長刻意約吃飯商談，坦誠和善意地勸喻我放棄造像計畫，因為當時的中聯辦不想見到反共知識人勞先生進入中大校園內！我聽後茫然以對：如何向兩年來關心銅像的眾多校友解釋放棄計畫的原因！儘管真的如此，但一天大學當局沒有正式公文拒絕校友會造像的申請，我沒有理由就此罷手，況且我們為勞師造像，並非根據他反共言行，而是學術成就！如果反對共產黨不准進入中文大學，則新亞和崇基創校諸賢也應該容不下。無論是唐牟等新儒家，錢穆和余英時，勞思光和沈宣仁，哪位不反對極權專制政體？哪個不肯定學術自主自由？哪位不懷抱中華文化反而認同獨裁共產中國？哪位相信馬克思唯物主義？如果現在中文大學否定過去的人文學術精神傳統，也必否定自己作為中文大學的理據。

　　筆者不能放棄計畫，仍然鍥而不捨寫信給中大校長催促立像事宜，當然相信校方肯定受了不少壓力。2014年後香港政治環境已慢慢變化，大學的獨立自主和學術自由也似乎慢慢收緊。但中文大學在2019年前仍然是學術自主、相信自由與法治的高等學府，政治不應該凌駕於學術。終於在2015年12月中收到校方最後批文，准許我們為勞先生造像，可以放在崇基校園內。我們可以開啟整個工程了，崇基學院願意承擔供地和協助籌款事宜。

選址未圓湖長伴學生

雕像選址有三個可能：教育學院側的空地、崇基圖書館旁和未圓湖草坪上。最後選中未圓湖旁為勞師銅像安放的地點，相信老師也滿意永遠坐在這裡，慈祥微笑著觀望湖光山色和行走的同學與校友。

募款進行順利，不到大半年已獲得足夠款項支持雕塑費用。朱老師的雕塑預備工作在大學正式批准前已開始，我們2016年初探訪朱老師的工作室，已看到朱老師從多張勞先生不同角度的相片塑造頭像，將老師的神韻重現，令人讚嘆不已。

2017年1月中我們到朱老師在廣州鑄銅廠參看勞先生鑄造前最後的模型。我們面對老師微笑寬容翹腳坐著的模樣，感動到流下淚來。朱達誠以其超凡的藝術造詣將勞先生復活過來，當然先生已過世，但他的言行風骨透過銅像再一次重現，我們知道他會在同年5月重臨崇基未圓湖畔。

銅像鑄造快要完成，最後的任務是銘文。誰負責撰寫勞先生讚詞本來是明顯不過的事情，因為眾所周知勞先生生前最器重的學生是關子尹，他和勞先生深交超過四十年，寫銘文非子尹莫屬。老師膝下無男兒，是以先生舉殯之日，辭靈之時，子尹恭敬地捧著老師遺照走在靈柩之後，銘文肯定是由他撰寫。但事情不是很簡單，首先是子尹婉辭，理由是他不擅韻文；加上朋輩中有人另持異議，故在撰寫銘文問題上蹉跎了不少時間。不過筆者深信如勞先生能言，也會指派子尹承擔這任務。因此我不放棄，懇求子尹執筆。結果原來子尹早於一年前已在準備，並於2017年初完成初稿，和我商量。想不到我請求子尹撰寫銘文之因，令他專心埋首韻文並鑽研格律，造就了後來的詩人關子尹之緣！[11]

---

11 參看，關子尹：《我心歸隱處》，台北：漫遊者文化，2022，頁21-22。

朱達誠老師工作室中的勞思光先生坐像

2017年5月初銅像安放在未圓湖旁，銘文和立像記也同時刻放在像下。立像記是馮樹勳撰文，銘文由陳用書寫。

銘文承傳師生關係

銘文以工整精簡的文字，道出先生一生的學術精神和成就，以古體型式刻寫在黑色雲石版上，因此不下標點符號。為了方便我們清楚理解這篇文章，筆者載錄如下：

勞思光教授像贊（2017.03.27）

勞思光先生（1927-2012），名榮瑋，字仲瓊，號韋齋，以別字行，湖南長沙人也。祖上文韜武略，以家學故，七齡即擅詩能文。先肄業北大哲學系，後轉臺大結業。來港後，於香港中文大學崇基學院講習有年，於哲學教研貢獻殊深。中大榮休後，先生再度赴臺，先於清華、政大、東吳等校客席，旋任華梵大學哲學講座，繼膺中央研究院院士、香港中文大學榮譽文學博士等殊榮。先生治學博通今古，熔鑄西東，持主體自由與開放成素之說為繩墨，俾供取捨，以別精粗。復申哲學引導之奧義，及其變化風俗之期許。於港臺硯席五十寒暑，育人無數，後學賴以啟迪。先生論道非空言理境，而直參文化之根柢，暨歷史之機運。其於政治制衡之重視，及歷史債務之憂思，誠世之木鐸也。先生畢生心繫社稷，或論列港臺，或延佇神州，皆能秉要執本，激濁揚清，其摒闊胸懷，其稜稜風骨，足為我輩表率。乃贊之曰：

鞍山蒼蒼　覃思爾光
縈懷硯席　持論有章

詩書羅列　大雅云亡

桃李成蹊　碩學永揚

茫茫世運　中心怛傷

讜言鍼砭　恪固苞桑

旨爭剝復　忧惕楚狂

臨風仰止　斯文以昌

　　受業張燦輝關子尹敬撰

　　陳用敬書

　　公元二〇一七年歲次丁酉孟春[12]

　　像贊銘文末段落款為「受業張燦輝關子尹敬撰」，令筆者羞愧不已，因為文章全部是關子尹一人獨自撰寫，我對內容全無異議，只提供微少建議修訂；自知中文造詣有限，才力不足，根本沒有能力撰寫，但子尹堅持勞先生在天之靈必喜見器重的兩位學生參與其事，造像和銘文是敬佩老師的集體合作，應不分彼此，故我是沾子尹的光，具名和他一起下款。是以勞思光、關子尹和張燦輝，透過銅像將老師和學生的關係承傳下去。

　　2017年5月27日是勞先生銅像揭幕典禮，是中文大學和崇基學院的盛事。來自美國、台灣和香港

---

12 同上，頁32。

學者、同學濟濟一堂，見證勞先生重回中文大學。

　　校長沈祖堯在銅像揭幕禮致詞，認為形容勞思光教授「離開」非完全正確，因他長辭後仍一直留在中大師生心中，此後他的像更會座落在中大校園。沈祖堯笑言：「（勞）可以日日望住未圓湖，提醒學生應有的情操。」他指近年本港及國際社會、政治、民生起了極大變化，甚至出現危機，人常常面對許多困惑，他引述勞思光生前一番說話：「歷史未曾完結，人最終要步步找尋新發展。」[13]

　　自此之後，老師坐在未圓湖畔，微笑著但以堅毅的眼神，提醒每個在他面前肅立的後輩，或欣賞崇基校園而經過的人們：不要忘記歷史、文化和人文精神、不要向強權低頭而要有獨立自主思考、不要在艱難的年代放棄理想和理性、不要忘記自由開放的中文大學！

13　引自《蘋果日報》2017年5月26日報導。

中天日落灑斜暉　雕像銅光耀白雲
先哲一生承祖業　奇才七歲賦華文
求心寶島修人學　立己香江辯庶群
南下避秦堅守節　自由追覓勉殷勤
（賦詩：黃顯）

念勞師逝世十周年

十年前在老師追思會筆者悼念老師的文章，現附上再一次思念吾師：

〈以有限之生命實踐無涯之理分——懷念勞思光教授〉

勞思光老師真的離開我們了。

柏拉圖《斐多篇》的最後一句，是這樣說蘇格拉底之死的：「我這輩子認識的人當中，就數他最明智、最正直、最善良。」（*Phaedo* 118A）我可以同樣形容勞先生：他是我至今認識的人當中，最聰明、最公正、記憶力最強、分析能力最高的中國真正的知識分子。勞先生不僅僅是學院裡的哲學教授，更是以哲學反省為生命意義的思想家。他誨人不倦，以解惑為教育之目的；他對學術要求嚴格，對社會深刻反思，對中國政治敢言批判，對世界文化危機深切關注。顯然地，勞先生是跟隨孔子和蘇格拉底的足跡而實踐一生的。

勞先生不會接受柏拉圖靈魂不朽的理論，更不會認為「真正獻身於哲學的人實際上就是自願地為死亡作準備。」（*Phaedo* 64A）勞先生在其作品中很少討論死亡這課題，他認為死亡本身並沒有什麼好說

的。相信勞先生會同意孔子對死後有知無知的說法。根據《說苑》，子貢問孔子有關人死後有知與否的問題。孔子回答說：「吾欲言死者有知也，恐孝子順孫妨生以送死也；欲言無知，恐不孝子孫棄不葬也。賜欲知死人有知將無知也？死徐自知之，猶未晚也！」（《說苑》第十二章）孔子的不可知論跟蘇格拉底不同。孔子拒絕談論死亡，是因為死亡沒有什麼可談。每個人所擁有的只是此生，我的任務是履行我對生命的責任，這樣我的人生就有意義。

　　孔子從不以聖人自居，勞先生也從來不言希聖希賢。勞先生在〈王門功夫問題之爭議及儒學精神之特色〉一文的結論中，雖是明寫孔子，但我相信這亦可視作勞先生人生理想的自述：「這所謂『為之不厭』，自即是另一處所謂「『學而不厭』之意。孔子不自命為『聖人』，祇以『為之不厭，誨人不倦』自許；換言之，自己永遠進步，也幫助別人求進步，即是孔子所自承的精神。『發憤忘食』仍是『學而不厭』或『為之不厭』的另一說法，但『樂以忘憂』卻另有意義。孔子自己不僅不認為自己已獲絕對真理或已有圓滿成就，而且並不以此為『憂』，反而自得其『樂』；這一『樂』與不息的努力合起來，立刻顯出一種穩定作用。孔子的心靈是一開放的心靈；而且能安於開放，不求封閉。原來不求一種息止，則自即在此念念不息的開拓中無處不有自得其樂。」（勞思光：《思辯錄》，臺北市：東大圖書，1966年，頁95-96。）

　　以上所錄，不正是勞先生自己數十多年自強不息的寫照嗎？事實上，勞先生亦多次強調自己的生命每每力求上進，永不言倦。他在《虛境與希望》的序言中說：「儘管就哲學思想說，我自身可說總是在開展中，並未息止；但就哲學著作說，我已無復昔時的多產了。」（勞思光：《虛境與希望》，香港：中文大學出版社，2003年，頁viii。）在《危機世界與新希望世紀》勞先生再一次說：「今日寫這篇序文，青燈深夜，回首平生，只覺得自己雖在一種『生無所息』的精神狀態中力求寸進，所完成的工作畢竟太少。舊日詩稿中有『無涯理境歸言外，有限文章付世間』之句，今天仍然只能用這兩句詩為自己解嘲了。」

（勞思光：《危機世界與新希望世紀》，香港：中文大學出版社：2007 年，頁 x。）

　　勞先生不談「圓教」之超越，不說「逍遙」之境界，而直接肯定承當精神，接受有限的生命和生命中不可免的罪與苦：「我們即在承當一切『罪』、一切『苦』中，顯現一德。這裡是主體自由的最後展顯。」（勞思光：《歷史之懲罰新編》，梁美儀編，香港：中文大學出版社，2000 年，頁 226。）在此承當之德中，我覺得勞先生其實已經超越了傳統儒家的成德之學：「承當之德」不單是在行事成敗之外只求德性自覺之顯現，更是從生命之悲情中肯定人生的無奈，以聖賢也不能逃脫的罪與苦確定人生的意義。勞先生一生孜孜不倦地盡哲學家的天職，行中國知識分子的責任，以有限之生命實踐無涯之理分。

　　勞先生極少談論死亡，也不關心什麼立德立功立言等等與「不朽」有關的問題。他學問成就超卓，學術著作豐富，人格情操高尚，但仍謙說「所完成的工作畢竟太少」。勞先生至死仍不言倦，永不言息。我們這群學生，除了由衷的敬佩外，還可以說什麼呢！

　　他的一生，正正是我們為學的典範、做人的楷模。

　　我跟隨了勞先生差不多四十年。先生去世，固然令我悲痛莫名；但想到先生臨終前一兩年身心俱疲的情況，便覺得他的離世畢竟是安詳的解脫。如今，先生可以好好地安息了。

　　荀子〈大略〉篇說：「大哉死乎！君子息焉，小人休焉。」

　　思光老師，願你安息。

　　2022 年 10 月 21 日是勞先生逝世十周年，筆者以敬佩之心，寫下這篇紀念他的文字，感恩老師對我幾十年來的教誨。

新民主女神像與港版民主女神像

新民主女神像

　　唐君毅先生的銅像在 2009 年豎立在新亞書院草坪後，跟著進入中文大學校園的雕像並不是 2017 年的勞思光先生銅像，而是在 2010 年 6 月 4 日深夜時分從銅鑼灣維園運到中大的新民主女神像。這個像由美籍華裔藝術家陳維明以玻璃纖維強化塑膠為材料，參考 1989 年天安門廣場象徵學生運動的民主女神像而製成，中大學生會倡議把「新民主女神像」永久安放在中大校園。

　　筆者對當時的中大學生會主席黎恩灝和新民主女神像雕塑家陳維明不熟悉，不知道整個造像和搬到中大校園的過程是如何發生的，想必經過不少困難和討論才能有 6 月 4 日晚上的歷史性事件。[14]

　　新民主女神像相較其他中大戶外雕像的獨特之處，是整個造像規畫原與中文大學無關。它和中大傳統並沒有連繫，不屬於中大科學和人文傳統，不是對中大有貢獻的哲人或學者，它代表的是一個概念！一個從二十多年前在北京六四運動引發出來，每年在香港維園以燭光延續不斷的一個盼望，一個祈求民主自由在中華大地可以開花結果的心願：這個雕像就是這樣的一個象徵。1989 年之後中國大陸沒有任何地方，可以公開宣洩對屠城的憤怒和對民主的期盼，只有在香港，可以向全世界顯示香港人不敢忘記這件歷史。六四二十一周年紀念的晚上，中文大學的學生、校友、教職員決定，將陳維明先生雕塑的新民主女神像搬到中文大學校園，讓六四精神不單在每年的 6 月 4 日才呈現，而是讓這個放在大學火車站前的雕像，向每天經過大學站來回大陸香港

的乘客，向每天進出中大校園的同學教職員，宣示「毋忘六四」的理念。中大民女像和其他銅像不同，不需要按中大校園地圖找尋，她就在大學火車站前，讓所有人都看到：民主和中大精神是連結在一起的。

　　2010年開始，新民主女神像便和其他中大銅像一樣，成為中文大學的象徵（icon）。

　　但從一開始，中大民主女神像便存在模糊狀態。她的質料是玻璃纖維，不是精銅，不能永遠存在；立像沒有正式銘文和造像記，一切都好像不穩定，只是暫時性的。立像初期，學生會和校方多次磋商如何永久處理雕像事宜，但似乎最後都是不了了之，沒有一個確定恆久的規畫。沒有人認真負責維修工作，如是這樣，中大民女像又似乎是理所當然地存在下去。直到2021年12月底，一夜之間，中大民女像便被校方黑箱搬離摧毀。翌日，除了中大不同書院學生會聯合公開譴責外，並沒有其他校內外人士發聲抗議。大家恐懼了，國安法之下，誰人再敢發聲送頭？幾天之後，中大民女像再沒有痕跡。

新民主女神像的意義

　　新民主女神像能夠在2010年進入中大並存在了十一年，其實是一次，或者是唯一一次中大的「民主」勝利。中大校方本來並不贊同這事件，[15]但最後仍然可以安全運抵大學和成功豎立，全程沒有任何干擾，一方面是學生會、校友和教職員無私無畏的公開支持，同時亦因為當時新任校長沈祖堯的

---

14 民主女神像入中大詳情，參考〈【六四33 · 消失的地標】2010年，二千人見證下豎立中大的民女〉，2022年6月2日，《獨立媒體》。
　　https://www.inmediahk.net/node/社運/【六四33 · 消失的地標】2010年，二千人見證下豎立中大的民女
15 有關校方和學生會的磋商，參考《大學線月刊》2010年11月號。

開明態度，能聽取各方意見而成事。

中大民主女神像的原型據稱是從天安門的民主之神而來。1989年5月29日，學生在天安門廣場安放民主女神像的時候，發表了《民主之神宣言》：「……久違了，民主之神！七十年前，我們的前輩曾高聲呼喚過妳的名字。為了妳，難道我們還要再等七十年嗎？……民主之神，妳是挽救中華民族的希望。民主之神，妳是1989年中國民主潮的靈魂。」[16]

六天之後軍隊屠城，民主女神像被摧毀，短暫的民主夢隨坦克和槍聲湮滅了。

從《宣言》可知道，民主女神的意念從「七十年」前，即1919年五四運動的「德先生」而來。當時天安門廣場上無數學生心懷五四精神，期待「德」、「賽」二先生再次實現。科學固然重要，但在1989年的時候，要求專制極權政府開放，尊重人民參與政事，反官倒，[17]反貪污，爭取民主更為重要！是故民主女神像成為了這場學運的象徵。

中大民主神雕像和天安門廣場的民主女神像的造型有根本的差別。天安門廣場女神雙手齊握火炬，但中大民女像是右手高舉火炬，左手拿著一本封面寫有「LIBERTY, DEMOCRACY, JUSTICE, HUMAN RIGHT」（自由、民主、公義、人權）文字的書。[18]這個造型和美國紐約的自由女神像更為相

---

16 〈鏡頭下的歷史／1989天安門：「民主女神降臨」，六四倒數6天〉，2019年5月29日。聯合新聞網。https://global.udn.com/global_vision/story/8662/3841417

17 編按：官倒是1980年代在中國大陸出現的詞彙，是指有官方背景的倒買倒賣的投機者。當時，中國在進行的經濟改革過程中，物品價格採用兩套定價系統，稱「價格雙軌制」。一些官員或其親屬，利用權力獲得低價的重要物資，倒賣到市場上賺取價差，謀取利益。在1989年中國大陸的六四運動時期，「打倒官倒」是示威的學生和民眾的重要訴求之一。後來該詞彙隨著市場經濟的推進和價格雙軌制的取消而逐漸淡出中國的日常用語。——摘自維基百科

18 香港民主女神像（六四事件）。維基百科。https://zh.wikipedia.org/wiki/香港民主女神像_(六四事件)

似——自由女神像右手舉火炬，左手拿著的冊子上用羅馬數字寫有美國獨立宣言簽署日期：「JULY IV MDCCLXXVI」（1776年7月4日）。[19]

自由女神像象徵意義比民主女神更深一層次：民主的根基是自由。我不清楚雕刻家陳維明先生是否刻意將北京民主女神加入自由女神像的概念，而轉變成新民主女神像，但明顯的是「自由」加進「民主」至為重要。連同「公義」和「人權」更是香港和大陸人民最尊崇的普世價值。

很可惜，中大民主女神像左手的書，不知道從何時開始，書面上的四個英文單字消失了，多年來也沒有人再填補這四個重要的價值概念。

但無論如何，十一年來中大人在新民主女神像旁舉行過無數集會，大家引以為傲的是這自由民主象徵與中大校園連結在一起！中文大學除了捍衛傳統人文學科價值之外，更肯定自由與民主。

港版民主女神雕像

最後一個進入中大校園的雕像，是在2019年8月31日在文化廣場豎立的反修例民主女神像。造型是源自反修例示威者的裝束，包括黃色頭盔、眼罩及「豬嘴」；而女神像的右眼蓋上紗布，象徵遭警方槍傷右眼的女示威者；其右手拿著雨傘，左手則手持寫上「光復香港，時代革命」的旗幟。[20]

這個雕像肯定沒有校方授權，我也不清楚中大學生會有否參與其事，但據報導指出是香港人公眾籌款而成事，放在中大是權宜之計也是暫時的。2019年9月開始，中文大學進入抗爭階段：罷課、遊行、

---

19 自由女神像。維基百科。https://zh.m.wikipedia.org/zh-hant/自由女神像
20 原文見〈【逃犯條例】眾籌20萬製造 港版「民主女神像」豎立中大文化廣場〉，2019年8月31日，《香港01》。
https://www.hk01.com/article/370127

遍地標語要求政府回應市民的政治訴求、還有開學典禮和畢業典禮的抗議行為，中文大學六十多年歷史都從未出現過。中文大學的命運和香港抗爭活動連結在一起。但澎湃的抗爭運動隨著11月中警方暴力鎮壓消滅，這個暫時性的抗暴港版民主女神像也被摧毀了。

後記

中文大學的雕像故事到此為止。筆者不知道將來還有沒有戶外雕像加入大學校園。除了最後兩個自由／民主／抗爭的女神像再不存在之外，其他的銅像仍然豎立在校園內。下一次我們中大人再次拜訪眾先賢，無論是孔子、孫中山、李卓敏、楊振寧、高錕、唐君毅和勞思光，請肅立在前，恭敬地聆聽他們向大家細說中文大學的故事和精神。

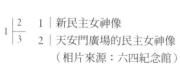

1 | 新民主女神像
2 | 天安門廣場的民主女神像
　　（相片來源：六四紀念館）
3 | 美國自由女神像

第三部

山城人與事

我在中文大學從學生到教授渡過了幾十年，中大所有校長都認識，除了現任校長段崇智。學生時代的校長是李卓敏和馬臨，我當然見過但沒有機會接觸。後來回母校任教，上任第二個星期獲高錕校長接見，親身見證這位親和平易近人、關心學術自由的科學家，在這次會面也略談民主和通識教育的關係。之後便是李國章、金耀基和劉遵義。李國章委任我當大學通識教育主任，但只有面談過兩次。我的感覺是他乃上流社會出身，長袖善舞，八面玲瓏，但我和他卻沒有認真討論過通識教育問題。金校長是我敬佩的老師，沒有他，中文大學的通識教育不會是這樣有規模和成果。[1] 劉遵義是知名經濟學家，他任內的作風引起同學和校友強烈不滿，是以未能續任便離開中大。[2] 然後是沈祖堯校長，是他將劉遵義和學生校友的隔閡修復過來。

周保松的〈以學生為念〉[3] 已經將沈祖堯和學生種種活動十分立體地描述出來：「博群計畫」、「百萬零一夜」、「中大登高日」、「百萬大道看世界盃」等等以前中文大學校長從來沒有和同學一起做過的事，沈校長本著「與民同樂」之心做到了！在此不再詳述。

沈祖堯為什麼可以如此？我想因為他在中大所有校長之中，真正是「香港人」的

1　金耀基和中大通識教育的關係，請參考，金耀基：《大學通識教育的定性、定位》，收於張燦輝著《為人之學》，香港：中文大學出版社，2021。
2　有關劉遵義和學生事宜，可參看，《蘋果日報》2009/01/21、2015/08/03《獨立媒體》等等報導。
3　周保松，〈以學生為念〉，收於沈祖堯著，《校長畢業了：亦師亦友心底話》，香港：香港中文大學出版社，2018年。

校長，一個在香港出生和受教育的香港人，明白香港和關心人文的醫生；沒有架子的學者；到大牌檔吃飯，為低層同事咖啡店開幕，在同事電影中做「茄哩啡」[4]的大學高層![5]更重要的是2014年10月2日晚上和香港大學校長馬斐森到中環金鐘探望同學的中文大學校長；2019年11月12日帶領一群醫生進入中大戰場救護學生的前校長和醫生，環顧香港，可有其他大學的校長能夠不關心政治考慮，只以「學生為念」的信念和勇氣去處理這兩件香港大事嗎？[6]

以上提及的事情，相信大家都知道，這些都是公開的事實。我在《山城滄桑》第二部分有關中大銅像文章中，已提過沈祖堯的支持和幫助：相信沒有他首肯，勞先生銅像不會在中大校園出現；沒有他的批准，唐君毅銅像繼續風化和被新亞人遺棄。但我想在本文再多説一點沈祖堯與通識和人文教育的關係。

2010年中在沈祖堯候任校長期間，我第一次到醫院拜訪他，談論中大通識教育。離別時我恭賀他並說中大慶幸來了一位「人」的校長。他上任後不到兩個月，一天在早上八點，和幾位同事到中文大學通識教育部聆聽我和同事報告通識教育課程、理念、行政、面對的種種難題。這個會談進行差不多兩個小時，校長都專心聆聽並提相關問題。會談也是第一次有校長來通識教育部開會，之前沒有，相信之後也沒有吧。

沈祖堯對通識和人文教育不是敷衍之説。如果翻查中文大學每一位校長就職典禮，沈祖堯的講詞是唯一談論大學理念、通識教育和人文精神。

4　編按：茄哩啡，香港對臨時演員的俗稱。
5　「茄哩啡」，參看朱順慈導演，《佳釀》，2013年。
6　中環金鐘事件，參看 *BBC News* 中文，2014年10月2日；中大戰場，參看《香港01》，2019年11月12日。

讓我們重讀他講話的重點：[7]

　　全球的大學教育正在急遽改變。世界各國埋首於追逐經濟發展；推動學者做研究的是資源，而非對知識的好奇；大學重視排名，而忽略培育年輕的靈魂的使命；教師的回報主要取決於他們的「生產力」，而非學養，凡此種種，都令危機悄然出現。如果這個趨勢持續，世界各國就只會製造出汲汲於利的成品和個人，而不是有主見、尊重見解不同於己者、能洞察別人的需要，以及有悲天憫人心腸的負責任公民。同時，想像力和創造力、科學研究的人文內涵，以及慎思明辨的能力將逐漸喪失。教育的價值也會湮沒。

　　奧爾科特（Bronson Alcott）說過：「教育是把思想從靈魂解放出來，與外界事物連繫，並返觀自省，從而洞察其真實和形態。」當國家高談經濟發展之際，大家不要忘記在世界上最富裕的國家仍然有飢民和病人；當全世界的目光都放在發展科學、生產食物和延長壽命之時，請牢記「西方最大的疾病不是肺癆或者痲瘋，而是愛的貧瘠」（德蘭修女）。在中大這所綜合大學，科技與人文齊頭並進，符合世界的需要。我們將繼續捍衛人文價值、培養學生敏於體察別人的需要和苦難，以及教導他們欣賞藝術和音樂。

　　泰戈爾（Tagore）提醒我們，「單單獲得知識和挪取他人的意念，是無法令心靈得到真正的自由；心靈的真正自由，乃源於形成自己的判斷標準，萌生自己的想法。」蘇格拉底說：「未經反省的人生，是不值得人活的。」今天的教育重視資訊與技能，不重視追求真理和創造力。學生花太多

7　沈祖堯，新任校長就職典禮講詞，2010 年 12 月 16 日。

時間記誦事實，而不是對既有概念反思批判。不懂得反思自省會令目標含糊，信念不堅定，最終迷失方向。訓練學生慎思明辨是高等教育的重要職責，而我們持之以恆的是：歷久彌新的通識教育傳統、書院無微不至的關顧，以及對思想和信仰兼容並蓄的開放精神。

……我們漸漸明白，我們全都是世界公民，不但應致力發揚中國文化，還要了解其他民族和國家面對的挑戰。中文大學致力與其他世界知名學府攜手，開展教學與研究的合作，以及學術交流和交換學生，並透過我們的書院提倡社會服務，令本校師生以及大家都明白自己是地球村一員。我們致力保護環境，也是在履行世界一分子應盡的責任。我們應當學習回應世界的需要，而非在象牙塔內畫地自限。保存人文精神、培養創新和判批思維，以及造就世界公民，是我們的指導原則，我們會繼續憑著這些原則來教育學生，並帶領大學邁進下一個五十年及更長遠的未來。如果老師缺乏熱誠、奉獻精神和使命感，我們就無法達成這些使命；如果沒有政府、慈善家和校友的信賴和支持，我們就難以實現這些夢想；更重要的是，如果沒有不斷探索知識、永遠渴求真理和不屈不撓力爭上游的勤奮學生，我們就不能保持這些大學教育的理想。

這篇應該是所有大學生、教授都要讀的文章，但這文不是從上而下的「指導講話」，不需要「開會集體學習記誦」，而是引導我們思考什麼是大學教育、求學意義、研究目的種種問題的提示。面對當前香港大學教育悲涼情況，這些理念是空谷足音，值得每個在大學的人士反思：大學不是知識工廠，不是訓練技術官僚的機構，而是培育「知識人」的學府。

2012年中文大學通識教育推出「與人文對話」和「與自然對話」兩科通識教育基礎課程，以二十五人小組教學，給予所有中文大學三千五百位一年級同學。這基礎課程便是沈祖堯大學理念的實現。[8]

是以沈祖堯沒有只説不做。他任職七年來就是實踐他的信念，是一個「人」，同時是「香港人」的校長。之前沒有這樣的校長，相信以後在中文大學和其他香港的大學也沒有！

8　有關通識教育基礎課程，請參考梁卓恒、劉保禧、李駿康編，《字裡人間：人文經典與通識教育》，香港：香港中文大學出版社，2021年。

之 二

二〇一九年九月到十一月

這幾個月在中文大學發生的事情，觸目驚心、難以置信。

先是 9 月初的開學禮，繼而有罷課，

11 月初的畢業禮，最後是 11 月 12 日的中大保衛戰。

這些事件在中文大學歷史中從來沒有發生過，相信之後也不可能再出現。

中大圖書館正門前的朱銘雕刻「仲門」

張燦輝攝

山城滄桑 回不去的香港中文大學

左岸文化

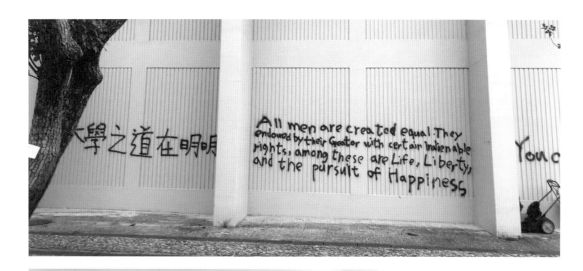

大學之道在明明 All men are created equal. They endowed by their Creator with certain inalienable rights, among these are Life, Liberty, and the pursuit of Happiness You c

希望在於人民　改變始於抗爭

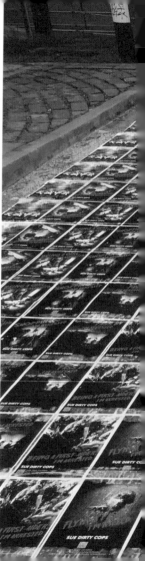

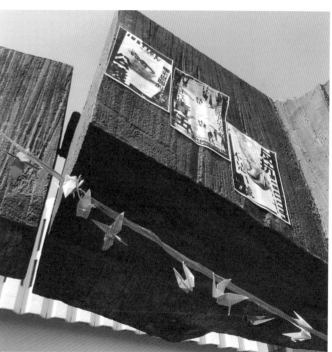

復香港 FREE HK 時代革命

黨死光

中國文化研

所欲 有甚於 生
所惡 有甚於 死

後記

2022 年 7 月 1 日拙著《我城存歿》在台灣刊出修訂再版，此書因 2019 年 11 月 12 日中大成為戰場，我悲憤莫名而寫了第一篇文章。《山城滄桑》則於《我城存歿》在台灣正式出版那天，我看到段崇智在中文大學為香港回歸二十五周年舉行升旗禮的講話，憤慨不已而寫下首篇。是以兩本書有特殊的關聯。

《我城存歿》是從中文大學悲慘遭遇，引發對香港抗爭運動產生的存在危機為主題：作為香港知識人如何自處？如何面對種種存在的挑戰？如何活在真相之中？我顯然沒有確定的答案，但提出我們要不斷自省，不接受虛假荒謬的解說；無論我們是在牆內或外，不簡單跪地投降接受獨裁專制政體。在《我城存歿》中，我形容香港人已是流亡人士，分別在於「無家的自由」和「有家的悲憤」。相信仍有無數的香港人暫時將憤怒和怨恨埋在心裡，默默工作，互相扶持，同時維護自己的尊嚴，抵抗強權暴政。

《山城滄桑》指出學術自主和自由在 2019 年後不再是中文大學一直以來的信念，校園裡先賢的銅像正好提醒我們，人文傳統和科學精神的重要。儘管強權下學者教授需要自我檢查，學術研究經費完全受政治影響，但這並不代表學者的思想全受控制，我們仍有主體自由和專業知識，去思考和反省理論與現實的問題，以不同的渠道發表研究成果。2014 年和 2019 年兩場決定香港命運的政治運動，現在正是時候沉澱一下，從哲學、文化、歷史、政治、公民社會等不同的學術理論角度，去理解和反省運動的意義。中文大學校方背叛了中大傳統，並不等於中大的同學和教職員同樣是「偽」中

大人，可以忘記中大的信念。

　　相信所有中大人繼續在山城內外，承傳我們的歷史使命和理想，等待有一天，真正的學術自主和自由重回中文大學。

張燦輝

後記於英國聖奧本斯

2023 年 1 月 12 日

附錄二 「知識人」的反省

長明——法國巴黎第三大學比較文學博士

認識張燦輝學長已四十多年，當時在香港中文大學分屬同系高低級同學。1990年代初回到香港後，每年農曆新年，我都跟隨以前的同學，到勞思光老師家中拜年。因我回港後教的是實用科目，而張燦輝及其他學長學姐皆是哲學系教授，每次我都是敬陪末席，聽聽各人談話，卻沒有和誰直接對話……就如此年過一年。後來勞先生及師母先後過世，我也漸漸少見各位學長同學了。

然而，香港前幾年發生的大事過程中，竟時不時見到學長在媒體出現，理直氣壯地抵抗強權，盡力捍衛思想言論學術自由。後來，看到網台《綠豆》的「記‧香港人特輯」[1]，知道學長已離港遠赴英國，在節目中，學長緬懷生活了四十年的香港中文大學，我雖然只在中大讀了四年，但也感受到不能言喻的神傷。

及至學長來到台灣清華大學訪問兼授課，我們再次聚會，相信距上次會面沒有十年也有八年了。席間，話題也漸漸落在香港過去幾年發生的事情上。我們這三個中文大學哲學系舊生在2019年的事件過程中各有深淺不同經驗，但結果卻大致相同，大家在香港本來各自有一片天地，正如學長在《綠豆》的訪談所言，以為可安享晚年，如今，三個都成了離鄉別井的人。

學長談起他寫的書《山城滄桑》，我最初以為該書的主旨是表達他對由做學生到任教，長駐了幾十年對香港中文大學的深厚感情，同時對近年發生在大學的事感到無法忍受的悲痛，然而，基於這時期所發表的言論，被迫離港，估計此生

1　https://www.youtube.com/watch?v=5Hv4Q0ZygOw&t=869s

不能再進入中文大學，悲憤之所至而寫成的著作。但細讀之下，我發覺作者正尖銳的地拷問，於此歷史時刻，身而為「知識人」（an intellectual）的意義、任務究竟是什麼？

　　早在2017年，張學長出席了《哲學有偈傾》[2]的清談節目，討論「什麼是大學？」他說明，大學的理念，是要將年輕人培育為自由的人，即是有能力去選擇自己的價值取向及追尋意義，去分析、批判社會世界，並反省自我的人。廣義而言，這個大學的理念，大致回應了沙特有關自由的概念：身而為（個）人（an individual），其實是對自身的人生的轉化與路向有完全的自由去選擇，並且，其本人也對自身的選擇會負起全部責任。大學，正是培育人成為意識到自身為自由的個人，並且能對自身的選擇要負全責。根據此理念，學長遺憾指出，現今香港的大學已成為工廠，其教學宗旨及研究方向，大部分皆是為效力於經濟制度讓其順暢運行為準則，即在整個經濟運作內，大學教授及所訓練的人材，其任務大概就是合乎標準地測試驗證當中專精步驟環節，或擬定開發某些特殊工具的計畫。至於文史哲科目，在現今世界並無直接經濟效益，教授做研究成果，只是為了出版論文，用以湊足整間大學每年必須達到的出版數量。學長認為大學除了變得完全由商業模式經營，也完全遠離其本有理念。他認為，自己曾為哲學系教授和系主任，並且是大學通識教育部的主管，實在有責任公開提出，大學的核心價值，首先是啟發學生去思想，有自主的立場對既定意識形態進行討論批判，並不斷對自己做反省，亦即，讀書人除了成為一個有（專業）知識的人之外，更重要的是成為一個能自主地思想的人。

　　於2022年寫成的《山城滄桑》，學長尖銳地批評香港中文大學現今校長宣稱大學要為國家政權服務，他再次很清晰地提出，大學的本質，乃在於培育學生追求真理、肯定思想自由和科學求真精神，

2　《五夜講場 哲學有偈傾》2017：大學之道 https://www.youtube.com/watch?v=kadT1NqNLF4&t=737s

敢於批評社會之不公及不義。然而，現在香港的大學，其思想及學術自由，已全部被剝奪了！

跟學長談起「知識人」這個題目，他寄了沙特的文章：〈Plaidoyer pour les intellectuelles〉（A Plea for Intellectuals）[3] 給我，還說我一定看過⋯⋯我真感到汗顏，三十多年前在法國留學時期大約是略看過的，但差不多全部忘記了。我於是重新閱讀，發覺沙特高度清晰的反省，正好對應我們今時今日要清醒面對的嚴峻狀況。在網頁 *Intellectual and the media in France* [4] 中，登錄了一篇短文，摘要說及沙特乃是二十世紀「知識人」的典範，沙特將「有知識的人」分為三類，第一類，相等於現在稱為「專業人士」，即是擁有某專科知識的人，她／他們深知其學識範圍內之普遍原理，並能將這等普遍原理運用到特殊情況上，例如有專業建築知識的人，即建築師，當然能設計策畫不同類型樓宇的建造；或一個物理學家，可將其知識用在製造原子彈的過程中。沙特認為這類擁有專業知識的人，只專注於將知識運用在某計畫的呈現過程中，而不理會或反省所參與的工作或計畫，是否值得為其付出專業知識，最終目的是否有價值或意義。第二種「有知識的人」，則認為自己的責任，乃是為社會的弱勢社群服務，因著自己擁有的專業知識及語言能力，應該與那些不能為自己發聲或甚至欠缺表達能力的弱勢社群聯合起來，負起代表弱者發聲的責任，去揭示社會對她／他們的壓迫，沙特稱這些為民發聲的知識人為「參與知識人」（engaged intellectuals）。然而，於1968年巴黎5月學生運動期中，沙特做了自我批判，面對資本主義社與權力架構的壓迫，他領悟到不能只是隔岸觀火，只在大學或書房中用文字去批判社會的種種不公義。巴黎5月學生運動期中，沙特自稱已轉變為第三類「有知識的人」：「革命知識人」（revolutionary

---

3　Sartre, Jean Paul (1976) "A Plea for Intellectuals', in *Between Existentialism and Marxism*. New York: William Morrow, pp 228-285.

4　'The Intellectual According to Sartre', December 5, 2018. https://intellectualsandthemedia.org/2018/12/05/the-intellectual-according-to-sartre/

intellectual），即不再是站在行動中的學生旁邊表達支持，而是全面投入群眾的行動中。

　　學長持續公開發聲討論，及他在近幾年的事件中的積極實踐，正好體現了沙特所言之「革命知識人」的本義。他目前已因之前不斷發聲，而要離開香港，犧牲了「退休教授」的安逸生活，流亡到異地。目前，他仍在香港以外的大學任教，並努力尋找出版機會，繼續公開批判目前香港的政權凌駕於大學之上，不再容許大學去培育年輕一代成為能夠自由思想的知識人。

　　與學長開始了「什麼是知識人？」的討論，我在網上尋索有關沙特的文章，電腦竟自動顯示了另一篇文章，此文與學長的著作更可類比，那就是傅柯（Michel Foucault）與德勒茲（Gilles Deleuze）1972年的對話錄：〈Intellectual and power〉[5]，內容非常尖銳地定義「理論」與「實踐」的關係，傅柯清楚說明，理論並不是應用地去表達、翻譯實踐——理論就正就是實踐，它是有範圍的、以其身處的背景情況為本位的實踐，亦即，將自己所身處、駐守的環境內，內中隱藏的極權壓制運作揭示出來……德勒茲舉例說，如果在幼稚園的兒童的抗議能被聆聽及接納，整個教育制度也可能被粉碎（explode）。

　　在一篇1976年的訪問〈La function politique de l'intellectuel〉[6]中，傅柯再次說明，當今的「知識人」已不再以探究「放諸四海而皆準」的普遍價值及普遍原則為目的與理想（例如尋求「什麼是人？」「什麼是善？」等問題的普遍定義），反而是進入特定的脈絡範圍，例如實際生活工作的環境，在具體的範圍中深入研究，從而去掌握並揭示，身處範圍中種種隱藏的權力分配及運行的條件及型態。其中一個最佳例子，可說是法國哲學家列菲伏爾（Henri Lefebvre）對城市空間的研究。在其作品（例如 *The*

5　Foucault, Michel, and Gilles Deleuze. 1977. "Intellectuals and Power." In *Language, Counter-Memory, Practice: Selected Essays and Interviews*, edited by D. F. Bouchard. Ithaca: Cornell University Press.

6　http://1libertaire.free.fr/MFoucault133.html

Urban Revolution[7]），列菲伏爾揭示了表面貌似中性的「空間」、「城市」等等概念，在現今情勢，其實內中已隱藏著人類之存活空間，皆被資本主義全球化所控制，在其中人不能不接受普遍一致化的生活方式，人生在世只是不斷再生產資本義運行的空間……列菲伏爾深入研究了「空間的生產」，並清晰地批判「（使用）城市空間的權利在誰？」，積極參與抗爭，而不是如古典哲學家般，四平八穩地去探究闡釋何謂「真、善、美」最普遍的定義，或只專注於解釋注疏文本。於此，對應於古典知識人，傅柯稱今時今日的知識人為「特殊化的知識人」（L'intellectuel spécifique / specific intellectual）。

正好比列菲伏爾分析「空間」、「城市」等概念，學長在大學讀書工作了幾十年，他正以這個（在其位的）身分，指出「大學」之本義，更揭示在香港的大學範圍內強權控制越呈嚴峻的慘況，提醒在大學中扮演「傳遞知識」角色的教職員的任務，清楚分析「知識人」的責任為何。現時在香港，貌似還可以遠避社會的權力，躲在象牙塔中從事「純粹學術」的傳授及研究。然而，果真有「純粹學術」的嗎？或者，那是否其實是自上而下，只容許在「純粹學術」框限內實行教學與研究的指示？學長的著作，正是在其本位揭示強權剝奪思想的高壓政策。

當與學長繼續談論「知識人」，我們漸將這個主題更為縮窄：哲學學者在社會運動中的角色與責任。現時在香港正身陷囹圄的，大部分是新聞記者編輯、法律界人士或前議員，他們都是因為曾公開報導批判時政、討論行動如何能以民主方式繼續下去，而遭受壓制、拘捕。然而，在大學中任教，自稱秉承蘇格拉底的傳統，啟蒙年輕人思考的哲學教授們，卻似乎在這場運動中的公開場境缺席（可能有很大部分隱身在當時和理非的群眾中）。這個現象令我想起 1968 年 5 月巴黎的群眾運動，那時期幾乎所

7　Lefebvre, Henri. *The Urban Revolution*. U of Minnesota Press, 2003.

有著名的哲學家都成群而出，不單參與投入群眾中，更是憑藉此次大群學生工人都自行站出來反抗的運動，對自身的思想作徹底反省批判。根據法國文化電台（Radio France）的特別節目〈Mai 68 et les philosophes: Sartre, Foucault, Althusser (2018) 〉[8]的報導，當時法國哲學界兩大思潮，不斷在激烈討論：路易・阿圖塞（Louis Althusser）的結構主義（簡言之是：「人」的本質不能直接被定義，因為「人」是受制著很多結構──經濟、社會所限制和控制），對立的是沙特的立場：「人」雖然受制於某現成被給予的情況，但作為個體，人是自由的，可以不斷踰越控制她／他自身的局勢，同時沙特自我批判本身所屬的小資產階級，由此而批判階級與思想的對立，去掌握自身作為「知識人」的責任。另外，我們不可忘記，在城市空間理論界別，其理論的元祖哲學家：列菲伏爾，他的「所有人都有存活在城市中的權利」（the right to the city）的理論，也源自巴黎運動的時期……群眾如何能自由地破除一切制度、規範而將城市空間轉化成自由表達意見的空間，皆一一在68年巴黎5月的運動中驗證。

當然，之前談及之傅柯與德勒茲有關於「知識人」的討論，皆衍生自此次運動。

很多人認為，大時代必有偉大作品誕生，我們也實在見到香港有層出不窮的藝術電影音樂作品，記錄這個偉大的運動；而巴黎68年5月，也告訴我們，大時代就是思想不斷互相撞擊、新思潮誕生的時期。然而，可能我孤陋寡聞，在香港，有沒有屬於哲學界別的革命知識人，或特殊知識人，尤其是在社會上有代表性的，除了投入群眾中共同抗爭，更會站出來，面向世界，反省這個年代，並且反省自身為「知識人」所要負責任及其本義為何？張燦輝學長，恐怕是少數的其中之一，他悲憤但清晰地批判大學的淪陷，質疑某部分大學教職員接受做（被容許的）純粹研究，繼續自以為參與國際學術會

8　https://www.youtube.com/watch?v=7MekWwKMYac

議發表期刊文章便即是「國際學人」，對於這種虛妄荒謬，學長本著學術良知，公開邀請學者們討論。然而，隨著自己被迫遠去，他的聲音，就如同那代表香港中文大學傳統的新亞精神，越來越聽不到了。

買了學長另一本的著作《我城存歿》，讀後最為驚訝的感受，就是發現我原來從不認識吾師勞思光教授究竟是個什麼人。在這本著作中，學長多次提及勞思光老師，記述他從1949年後從赤化地區隨同家人流亡到台灣，又從戒嚴時期的台灣流亡到香港。勞老師在香港不斷出版文章，批評中、台時局。於2019年香港局勢翻天覆地的改變過程中，學長是少數的哲學界學者，站出來公開發聲，他開宗明義說明是受到一生反抗極權的勞老師的啟發與影響，以筆為劍，訓斥反人文精神的強權荼毒大學，不停大聲疾呼，民主法治自由這等普世價值，以及大學的真正理念，已臨近淪亡！

距離大學畢業至今已四十幾年，我竟然到了於這時，才真正認識那個其實非常清醒並且激進、無論處於匱乏或富足，直到最後都不向強權低頭妥協的勞思光老師。學長在書中問，如果勞老師還在世，他會如何回應在香港發生的事？從學長對勞老師的深深懷念與對強權的怒吼悲憤，我好像第一次，遠遠聽到老師真實的聲音……。

………

我從來都少讀政治著作，更沒有寫過與政治相關的文章，因為看了學長的著作，只是「有感而發」，學長要求我為《山城滄桑》作附錄短文，我得借此機會，嘗試認真去了解什麼是「知識人」，看了幾篇文章，初步摘錄成為本文。當我讀到學長說：「我從沒有想過，我的晚年是可以如此悲壯的！」心中除了敬佩，也充滿唏噓。人生的選擇，代價可能就是整個生路歷程之轉變！當學長還反省著「勞思光老師會如何回應這事件？」這個問題，當學長決心不放棄身為「知識人」的責任，他唯有在人生的晚期，即使對故居故城的無限不捨，也要連根拔起，到異地繼續追求思想的自由。香港回不去了，

他卻沒有只流連在英國的綠茵庭園美景，享受英式下午茶愜意度日，轉眼，他又奔走於台灣和日本之間，授課、開座談會、尋找出版機會，在自由世界，宣告自由實在得之不易，負起「知識人」的責任之沉重。

……

人，真確到了晚年，就可逍遙度過嗎？人的生命，可能很脆弱，然而，人始終是會思想的蘆葦，也基於此，張燦輝如是說：

「以上文字是破題，我會繼續寫下去。」

附錄二 由銅雕能言說起

大埔山人──香港中文大學畢業

我是張生的學生，但不是在哲學本科，而是經通識課接觸哲學，其後選修張生的哲學課，雖然沒能成為哲學人，歪文倒寫過一點，不過還終得畢業落入社會，這一切亦隨之沉埋，壯氣蒿萊。承蒙張生錯愛，多年或斷或續魚雁往來，尤其是2019年板蕩起始，鼓勵我重拾紙筆，為同行留一口氣，點一盞燈，但見黍離滿目，萬馬齊瘖，奈何奈何，只得伏案奮書，算是還自己一個交代，逝者如斯，至今竟逾三載矣。

這自我介紹相當突兀，但也是故意為之，一來不知放甚麼在文章起首才好，也不知應將這還得出現的自我介紹放到哪裡，那就放在這裡好了，文章是我對張生的《山城滄桑》在思緒中浮沉翻滾了這麼久的一個交代，自我介紹則是對自己的交代。

離開校園原來已這麼久了，張生提起那七個銅像，好像見過又好像沒甚麼印象，從前每日經過，總覺得他們的存在不過最是正常，大學校園不皆應為其先賢立像？我孤陋寡聞，只是從前交流去過一些德國、英國和拉脫維亞的大學，都是這樣的，那想當然中大也應是這樣的，故除了唐君毅和高錕兩個銅像因及揭幕儀式而有印象外，其餘的我看都跟他們前後左右的樹或過客混含起來了，與他們存在的意義一樣曖昧不明。

讀張生「銅雕能言」諸篇以前，我一直這樣看，銅像的意義獨立於銅像以外，雕塑家將對象的精神融入其中，但觀者要接收和解讀則需對銅像的背景和指涉有基本理解，舉例說，對唐先生一無所知，望著他的銅像產生如何的情感也就

無所寄託，離開了雕塑銅像的原意。印象最深刻的，是大學二年級與一眾同學跟張生遊學倫敦，清晨抵達，未到中午已在市中心大街行逛，剛走到鐘樓處十字路口，赫見前面國會庭園的克倫威爾（Oliver Cromwell）像，轟立不動，只對望街後白色禮堂門前的查理一世像，我清楚記得當時的震動，還有旁邊同學的若無其事或對兩人髮型的品評和起鬨，然後我明白，若不知他們是誰，他們的像實在毫無意義，在一眾同學眼中，克倫威爾跟查理一世，還有豆豆先生，樣子都差不多，那他們仁就是差不多了。

讀張生寫造唐君毅先生像的經過，以及跟時任新亞院長黃乃正那段像從貝克特（Samuel Beckett）劇中剪裁出來的對話，迫使我重新思索銅像的意義。

對事不對人，有關官僚之不堪，無情之無底線，低俗小說般的邏輯、語氣，不必為此等纍纍破事兒再多著墨，唯獨那句「我是一個唯物主義者，不太相信精神價值，所以雕像放在哪裡也沒有關係」，黃氏經歷幾次反詰才勉強說出，應是真心所言，值得反思。

唯物主義者不太相信精神價值，屬於胡扯，唯物不是沒有精神，是沒有離開物質獨自存在的精神；如數學、物理、音樂、乃至道德，抽象之精神寄託於實在之物質，我想沒有唯物主義者可否定其存在。至於精神價值，是從精神概括、提煉而出，若有精神，則有精神價值。

至於雕像放在哪裡也沒有關係，此話聽來非常刺耳，總覺不妥，卻又不知從何說起。靜下來我想起王弼說得意忘象，那是不是跟黃氏那句相似？不，順著雕塑家造像的歷程，既然雕塑家已將對象的精神融入銅像中，對象對雕塑家來說就代表、承載、甚至顯現在銅像中，即銅像成為對象從本身的身體延伸出來的一部分，與母體顯現同一精神，只要雕塑家能與對象經過有意義的交往。所以得其意者可忘其象，非可棄其象，原因有二：忘為不圄，但要達不圄先要圄，如寫草書前先要臨摹，不能毀棄法帖以絕後人，隨意棄放雕像，就如隨意棄放書籍，均在有意無意間隔斷後人欲得先賢意之橋津。而

且，象除寄託其意，人亦寄託其象以情，大膽臆測黃氏非似已得唐先生意者，如此類推，其非得意棄像，不過是對像無情——不過我不願這樣認為，既然黃氏曾任新亞院長，斷無可能對唐先生以至其像無情的吧。話說回來，若張生說雕像放在哪裡也沒有關係，那是忘情；若黃氏亦云，那不過是無情。

因為自己是唯物主義者，不太相信精神價值，所以雕像放在哪裡也沒有關係，是誤導後人的邏輯。就當沒有精神價值，乃至沒有精神，也只是沒有唐先生的精神寄託雕像之中，推導不出雕像無可無不可。除精神外，還有二事寄託：情，與歷史。大家對唐先生的情寄託在雕像之中，不必有關雕像之精神本身，除非黃氏說他連情也不太相信。就當沒有情這回事，唐先生於新亞、於中大的存在與貢獻，屬於信史，與情無關，立像以垂永遠，不過隨叔孫豹三不朽之外在體現與紀念而已，不需論及情之存在不存在，除非黃氏連人類對所處歷史之永流與自身必朽之肉眼觀察與本能行動也不太相信。若是，那再寫也無謂。

本來不應費時為幾句說話寫大段字，但黃氏曾任新亞院長，言行舉止不能與維園阿伯相要求，若學生果以為雙眼向天反白就是境界高遠，還以其新亞院長之人格、學養以至權威置信，那將何堪？

還有另一個原因，想通黃氏之思路，就可一併理解〈最美麗的山城大學〉中現任中大校長段崇智那句「中大積極支持香港融入國家發展並做出貢獻，藉著今天的重要時刻，讓我們回顧過去，展望將來，為香港及國家未來更蓬勃的發展做好準備」。知道他在何時何境如是說，就知道他跟黃氏如何一脈相承，用黃氏的語言翻譯段氏的辭章，大概是：我是一個唯物主義者，不太相信精神價值，所以大學向何方發展也沒有關係。

不要說是中大或是香港，這感情太重，就說一間大學要積極支持並融入國家發展，已經非常不妥。段氏心目中的國家發展，從他演講的場合和時勢，指的是科技和產業的發展，經濟和物質生活的發展。

這些方面的發展本身當然並無不妥，孔子讚美管仲說的正是這點，但放諸大學則行不通。大學不是大專，段氏以及不少大學領導層級的教授和行政人員常常掛在口邊說自己是高等教育界從業員，顯示他們將大學與大專混為一談，甚至認為大學只是一種法定地位，可由大專經法定機構評審升格而至，但這顯然不能是事實。有關大學，中大創校各書院第一課一定讀過甚麼是大學，無論將大學的源起放在中國書院還是歐洲修院，還是馬丁路德、洪堡或耶斯培，其實皆指向同一件事，就是大學研究和教育的本質包含比純粹物質的追求更廣更深的東西，即對超越物質、超越身體能及的精神的追求，以及隨之而來對最始和最終的關懷。舉例說，一門科技的發展在真正的大學裡基本源於相關科學其中一點的突破，這科學本身並無所用，埋首研究不過是純粹的格物致知，發展出來的科技則多源於人文視野和關懷，具體形容正如杜甫在他的茅屋被秋風所破後寫的那首詩般。至於大專，科技本身就是目的，因為大專是由其所專授的科技的需求而建立的，所以科目專精而實在，通渠可以，護理可以，化驗藥劑可以，搭棚紮鐵也可以，存在的原因是因為社會有這些需求，當然不是因為要建造廣廈千萬間吧。社會有需求，講明白一點，就是物質和相關的經濟發展，那不正是段氏所想的發展了？他要領導一間大學提供人力物力勞力智力作經濟發展，那不正是拿大學當大專辦？順帶一提，就算法定機構評審通過升格，大專也不會質變為真正的大學，反之，沒有大學之名而有大學之實的學院也不需得誰允許成為真正的大學，不知段氏對此是無知還是犬儒？

　　若到了一間剛出現的大學做校長，無論是剛成立還是剛升格的，視自己的大學為大專並付諸實行，總有自圓其說的理由。但段氏到有深厚大學傳統的中大做了多年校長，總不能說沒做過資料搜集，或沒開眼走過校園一轉，他走路有風，被風吹剩的人他見到，他就只見到想見到的人，那些人不會跟他說甚麼大學傳統大學價值的吧，偶爾也有崢嶸嶙峋狂狷者亂入他的軌跡，但只如流星劃天而過，他

也許曾有剎那觸動，卻都一閃而逝——但校園裡這麼多銅像也是吹剩的啊，他們在看。這雖然有點阿Q，但顯示了一件事情，段氏是真正無精神價值取向的，只有如此，才能解釋為何他在2019年10月跟中大師生的對話可與上段引2022年7月的演講南轅北轍，內容矛盾，精神相反。當然我認識的人皆說前者不過是一時的形勢所須，不必當真，但我也可以倒過來說，那沒意義，兩者一直並行不悖，且聽其言，觀其行，我得出的結論是兩者同樣為真，也同樣不真，驅使他做出言行的精神價值若非龐雜而互相矛盾，就是根本並不存在，在他而言，表面和內在是沒有差別的，沒有媚左，也沒有媚右，他會說：我是一個唯物主義者，不太相信精神價值，當刻對象的精神價值如是，我就如是。看來又是一個不及情的。

因為沒有精神價值，所以日對夜對中大的精神價值也沒法理解，他見到的，只是物理行為，及由經驗與邏輯而出的因果關係，所以科技本身沒有超越物質、技術的精神內容，其源自的科學也沒有甚麼精神意義，只要能集合足夠的人力物力勞力智力，放在實驗室和工廠，那管他們處大學校園、企業大樓還是茅屋茅廁裡，也一樣能研生產出來，那大學和大專這有關精神的分別，他更不可能辨別得到，也因為只有物質發展，大學向何方發展也沒有關係，那管是向精神價值落後野蠻率獸食人那方發展，都是一樣通糞渠，一樣做半導體，甚至醫人，更諷刺的，是既然納粹蘇聯裡的人也要吃飯，即是那裡也需物質發展，段氏之類飯濟天下之溺，支持納粹蘇聯等地的科研和技術培訓，對那裡踐踏人民的政權及被其踐踏的人民一樣功德無量，政權得以維持，人民得以維生，自己在高等教育界勇猛精進，一舉三得。

段氏不過冰山一角，愛母校心切給我方便挪來做例子而已，他體現的，是高等教育界裡的專業人士，即大學裡絕大部分教授、講師和行政人員。為何要將同一批人用兩種不同的方法重說兩次？因為

現在的人大多會以為兩者是大概一樣的（當然他們知道大專也屬高等教育界），但其實完全不同。先講前者，高等教育界，那是一門專業，跟賣保險一樣是門專業，梁任公早言，專業無分貴賤，一樣有層架、有指標，我補充點，無分貴賤，但有分薪酬高低，由社會供求決定，至於高等教育這門專業，由以段氏和黃氏做代表的業界翹楚運作經年，培訓社會所需各種專業人士，種類和人數以觀社會猜測供求決定，準確的話招生自然好，財政充裕，大學硬體軟體完善，學生更多機會成為適合就業模式，最終就業理想，學生得到了未來，高等教育從業員則得到金錢和名譽，越多學生的未來越好，從業員以至大學的社會地位也越高。現在這些衣著光鮮、走路有風的從業員，跟未死的推銷員以至成功到做官的保險經紀一樣，精確來說就是推銷業績英雄榜上的英雄——他們當中業績最好的以為自己是帝師，其實不過是職訓教官；以為自己是英雄，卻不過是傭兵。至於後者，那要問各位親愛的讀者，讀書所為何事？讀書，不就是應該為讀書本身嗎？身體飢餓要吃飯，精神飢餓就要讀書，這不過是本能——若四周無書可讀，髮廊或診所的八卦周刊也可不停反芻至讀出微言大義來，大家應該試過。那讀書破萬卷，若非讀死書，應可蛻變成張生書中反覆論及的知識分子，而大學應是聚集和培養知識分子的地方，所以大學建立於精神價值之上，裡面傳道、授業、解惑的，哪管層級上叫什麼講座正副教授講師行政人員，一律就是老師，稱之先生，若問他們在大學裡幹什麼，他們會答你：達則兼濟天下，窮則獨善其身。兼濟天下，大家很易明白是將自己的道推廣社會實踐，即以道濟天下之溺。然則又何謂獨善其身？是否如阿摩司（Amos）[1] 言，時勢真惡，就靜默不言，自己要求善，不要求惡，以此存活？大部分人都這樣做，但這不是獨善其身，對知識分子來說，其一，善的不是肉身，是精神面貌，大概

---

1 編按：阿摩司是以色列人的先知，《舊約聖經・阿摩司書》作者。

就是文天祥說的正氣。其二，精神面貌不只得自己孑然一身，看蘇東坡被貶至天涯海角何以不改植竹家前，再看羅得（Lot）定居所多瑪（Sodom）的下場，[2] 就會明白一個人的精神面貌還包括其身邊的氛圍，這很關鍵，而大學老師的身邊氛圍大部分就是學生，為師傳道、授業、解惑，行止言默皆為學生表率，與學生上下求索人類極限所及之真理，執著人類永不能及之至善，雖千萬人吾往矣，為此摩頂放踵，身死名辱，九死其猶不悔，為之善其身。其三，由於要善的是精神而非肉體，若處兩者只得擇一的境地，也只得選精神而棄肉體。舉個實例，假設老大哥已全天候監察每間課室，若要跟從被刪削的教程授課，否則教席不保，那就跟教程教吧，下課後補回消失的部分，這還不算是不得不二擇其一；若竟至於得教被改得不盡不實的教程，那就只得捨棄教席，總不得主動荼毒學生、助紂為虐，這些皆在張生〈山城滄桑〉諸篇已被反覆詰問思量，此且不贅，我只想說明阿摩司的處世之道與獨善其身的差別。

正因如此，知識分子與專業人士根本風馬牛不相及，知識分子是不可能專業的，實在就是君子不器，但兩者的基礎實在又是一樣的，均須長時間下苦功精通手上之事業，水喉師傅之於水龍頭上的螺絲，保險經紀之於辭法辯術，律師之於條文案例，甚至文史學家之於經典，科學家之於數學物理，哲學家之於先賢言行，盡皆一樣，不同的只是精通手中事業之後如何，精通了就順理成章成為專業，反正就如庖丁一邊滑手機一邊解牛也遊刃有餘，專業是一種境界，也是一種誘惑。境界，半山高原的境界，一般上面有雲，也很少碰到不上山頂不罷休的登山客，那這境界也可閉上眼說足夠高了；誘惑，既然自覺境界已足夠高，且名利雙收，走路有風，吹到萬民景仰，一直繼續如此存活下去就成了一種

2　編按：羅得為舊約亞伯拉罕的姪子，當羅得和妻女選擇到所多瑪定居後，也漸漸受到當地文化風俗的影響，以至於他們也跟著沉淪、落入罪惡之中。

誘惑，人之常情，本來亦無所謂，但當專業人士碰上踐踏或沒有精神價值的政權，誘惑就會被政權利用，好一點的是利益交換，要在自己的專業界別做一些東西，換取政權維持自己現況持續下去的未來，不太好的如斷頭谷中凡塔賽爾夫人使喚無頭騎士的故事，最差的就是被政權灌輸了政權版本的精神價值，淪為僵屍般自動為政權在自己的專業界別執行甚至構思各種任務。

好端端的專業人士為何會變成如此這般？觀察實例俯拾皆是，是他們欠缺精神價值嗎？也未必，至少這不是主因，我又不見他們全無精神價值的操持，不過範圍很窄，如只在親戚好友之間，亦很容易暫且放下，即見勢跪低，行止莫衷一是。重點在專業人士安逸停下來的半山上面，那山頂就是知識分子的境界，要上那一簣之山路，就要捨棄安逸，捨棄專業，對專業以外的所有通識感興趣，重新將視野、感知和心靈投放到宇宙萬事萬物，領悟到民胞物與，領悟到肉體與精神的區別，精神價值於一己以至社會的意義。若達到這裡，不單不會被政權誘惑，政權也無從誘惑，當然，結果多半會變成噤聲滅聲，但這對知識分子來說不算甚麼，因為精神價值支撐著他們的行止生死，他們的精神超脫了肉體，與今賢先賢交流並匯合，肉體無欲則剛，精神滅之不盡，與萬化冥合，與天地爭永恆。反之，專業人士停靠溫柔鄉久了，眼界日蹙，意志益渙，不只無法領悟精神價值的意義，連自身的精神價值也隨重覆日常的專業操作中逐漸磨蝕，失去其對自己的意義，以致無法抵擋對其之任何偷換甚至踐踏，引發斯德哥爾摩症候群下，最終變成唯物主義者，不太相信精神價值，或根本沒有精神價值。若這就是我們大學裡的教授、講師和行政人員，那真不知可說甚麼，只得苦笑，看那為人師者，竟是一大批不及情的，怪不得不覺自己已久入鮑魚之肆，不聞其臭，奈何奈何。

張生詰問，為何大學裡的學者和教職員在板蕩之時沒有仗義執言，為何這些知識分子竟集體缺席。我且試回答，因為他們不是知識分子。那些教授在其學術研究專業有成就的，稱為學者，但這只

屬於專業人士的定義，學者可以是知識分子，也可以不是，以現在大學與大專齊一的境況來看，多半不是。明明在大學為師，偏要主動落入專業的塵網中，明明抬頭仰望自己的老師，偏不思齊竟滿足於傭兵的高度，那只可說是形成多時的社會風氣使然，若說仗義執言要無比勇氣，其實這勇氣在很早以前已被考驗過，在選主修時，在選研究科門時，在獲聘成為教職員時，其實已被冥冥中稱在天平裡，可惜，當時其實已顯出虧欠——沒有拒絕專業的勇氣，註定滿盤皆落索。

但我不想質問他們，他們之中許多曾教過我，請我飲茶吃飯，一起笑過，一起哭過，我對著他們，他們就如亡命之徒，我問他們：

為何抽這鑽石皇后？

若她能夠她會將你毀滅，

你知紅心皇后才是最好的選擇……

但他們的精神已亡佚彌久，招到魂亦不能復用，只怕最終我校先賢今賢全已乘黃鶴去，此地空餘一個又一銅像。

縱然有點阿Q，若這樣看，銅像的意義不能不謂之大，可說竟與對象的著作相當，人死身朽以後，精神就寄託在著作和各種平面和立體造像中，當然不是精神的全部，但當著作因各種原因不能再流傳及世，造像就成為我們領會對象精神的唯一途徑。

假若造像因各種原因不能再存在於世，例如被元老院下除憶詛咒令，對象的精神是否從此消失？回到原點，若對象的精神已融入造像，造像的對象姓甚名誰實在無關宏旨，精神超越而獨立於對象，以致可以指著某甲的造像說是阿戊，甚至將某甲的特徵表情之類從其造像嫁接取代阿戊造像的對應部分，如此某甲雖被消失而沒有消失，也應這樣看，當你願意抬頭看你面前的造像一眼，某甲刻下掙脫

阿戊之繭，陌生的迷彩如碎鱗剝落，在我們面前現出本來的光。

親愛的讀者，雖然我不認識你們，你們也不認識我，但我們當中大多有讀〈左忠毅公軼事〉為範文，無論我們能否成為知識分子也好，讚嘆知識分子總是一種好的習慣，就如好的禮儀一樣，對於他們的永恆遭遇，多是標準答案式的清者自清，更者世界混濁更顯得他們的清，作為道德模範對我們當然是好的，這也是我們接觸到他們的唯一面向。正因如此，偶讀范曄隨筆作「徒恨芳膏，煎灼燈明」，竟不自覺全身顫抖，千秋萬代隨身帶筆帶鍵盤這無限多的看官，包括我們，竟只得一范曄，對他來說，知識分子不是模範，而是一個又一個人，有呼吸有體溫的人。

2023/3/23-29

補記

　　中文大學2019年11月12日變成戰場、2021年底民主女神像深夜被拆毀、2022年7月1日中大校長宣稱大學教育是服務政權，我以為中文大學已經完全淪亡。但想不到2023年2月20日在新亞圓形廣場將創校反共先賢錢穆以AI技術重現和大陸合唱團「歌頌祖國」！這種對錢穆先生和新亞精神的公開侮辱，怎可以發生在錢穆圖書館、新亞水塔下的孔子和唐君毅銅像、廣場石牆上余英時先生名字附近？影片中貼上錢先生之言「無論你去外國留學，你去哪裡，不要忘記，你是個中國人。」無恥地將錢先生所指的「中國人」變成「共產中國人」！錢先生在天之靈見到必悲憤莫名！

　　我們在海外的香港人和中大人看到如此噁心的場面，肯定憤怒無比，但更憤怒和更可悲的是這活動不在校外表演場所舉行，而是在新亞圓形廣場！即是說中大高層和新亞院長是首肯的！我不知道有沒有新亞校董、校友、同學和教職員同意這事情，但似乎沒有任何異議反對聲音。不過令我更悲哀的是中文大學歷史系的眾教授沒有一人發聲表示不滿和抗議！歷史系的教授眼見新亞校方將創校歷史學家錢穆先生如斯侮辱而不出一言，以後如何教授歷史和講述錢穆的學說？這不是極悲痛的事嗎！錢先生和余先生弟子遍天下，在不少著名大學任教，身在自由世界而不出聲反抗強權侮辱老師，怎樣可以說得過去？希望我是孤陋寡聞，歷史學家已經公開譴責這件違背歷史真相的事情。

　　當然這是白色恐怖的勝利！我也相信絕大部分有良知的歷史教授不同意，但因恐懼而噤聲。不過，不發一言而默默地讓不公義、虛假的謊言流傳下去，是一個「知識人」之所為嗎？讓極權專制統治我們的思想和行為是可以接受的嗎？

香港中文大學已成為歷史，相信新亞書院是時候改變名稱了，乾脆改為「朝陽書院」吧。反正上任新亞院長已承認相信唯物主義，所謂新亞精神早已成為糟粕。

是以長明和大埔山人在兩篇附錄中提出「知識人」意義的問題，至為重要。更加需要深入探討！

張燦輝

補記於台灣新竹國立清華大學

2023 年 3 月 16 日

山巖巖，海深深，地博厚，天高明，人之尊，心之靈，廣大出胸襟，悠久見生成。
珍重珍重，這是我新亞精神。

十萬里上下四方，俯仰錦繡；五千載今來古往，一片光明。
十萬萬神明子孫，東海西海南海北海有聖人。
珍重珍重，這是我新亞精神。

手空空，無一物，路遙遙，無止境。
亂離中，流浪裏，餓我體膚勞我精。
艱險我奮進，困乏我多情。

千斤擔子兩肩挑，趁青春，結隊向前行。
珍重珍重，這是我新亞精神。

新亞校歌

山巖巖，海深深，
地博厚，天高明，人之尊，心之靈。
廣大出胸襟，
悲天憫人見生成，
珍重珍重，
這是我新亞精神。
（其之一）

十萬里上下四方，俯仰錦繡，
五千載今來古往，一片光明，
十萬萬神明子孫。
東海南海北海有聖人，
珍重珍重，這是我新亞精神。
（其之二）

手空空，無一物，路遙遙，無止境。
亂離中，流浪裏，餓我體膚勞我精，
艱險我奮進，困乏我多情，
千斤擔子兩肩挑，越青春，結隊向前行，
珍重珍重，這是我新亞精神。

錢穆手稿·新亞校歌　攝於台北錢穆故居

左岸政治
357

山城滄桑 回不去的香港中文大學

文‧攝相‧篆刻　　張燦輝
責任編輯　　劉佳奇
總編輯　　黃秀如
行銷企劃　　蔡竣宇
美術設計　　黃暐鵬

出　　版　　左岸文化事業有限公司
發　　行　　遠足文化事業股份有限公司（讀書共和國出版集團）
地　　址　　231 新北市新店區民權路 108-2 號 9 樓
電　　話　　(02) 2218-1417
傳　　真　　(02) 2218-8057
客服專線　　0800-221-029
E - M a i l　　rivegauche2002@gmail.com
臉書專頁　　facebook.com/RiveGauchePublishingHouse
團購專線　　讀書共和國業務部02-22181417分機1124、1135

法律顧問　　華洋法律事務所　蘇文生律師
印　　刷　　呈靖彩藝有限公司
初版一刷　　2023 年 5 月
初版三刷　　2024 年 3 月
定　　價　　550 元
I S B N　　978-626-7209-31-8
　　　　　　978-626-7209-36-3（EPUB）
　　　　　　978-626-7209-35-6（PDF）

山城滄桑：回不去的香港中文大學／張燦輝著.
－初版.－新北市：左岸文化出版：
遠足文化事業股份有限公司發行，2023.05
　面；　公分.－（左岸政治；357）
ISBN 978-626-7209-31-8（平裝）
1.CST: 香港中文大學 2.CST: 民主運動
3.CST: 知識分子
525.8238　　　　　　　　　112005115

左岸政治
357

山城滄桑 回不去的香港中文大學

文・攝相・篆刻　　張燦輝
責任編輯　　劉佳奇
總 編 輯　　黃秀如
行銷企劃　　蔡竣宇
美術設計　　黃暐鵬

出　　版　　左岸文化事業有限公司
發　　行　　遠足文化事業股份有限公司（讀書共和國出版集團）
址　　址　　231 新北市新店區民權路 108-2 號 9 樓
電　　話　　(02) 2218-1417
傳　　真　　(02) 2218-8057
客服專線　　0800-221-029
E - M a i l　　rivegauche2002@gmail.com
臉書專頁　　facebook.com/RiveGauchePublishingHouse
團購專線　　讀書共和國業務部 02-22181417 分機 1124、1135

法律顧問　　華洋法律事務所　蘇文生律師
印　　刷　　呈靖彩藝有限公司
初版一刷　　2023 年 5 月
初版三刷　　2024 年 3 月
定　　價　　550 元
I S B N　　978-626-7209-31-8
　　　　　　978-626-7209-36-3（EPUB）
　　　　　　978-626-7209-35-6（PDF）

山城滄桑：回不去的香港中文大學／張燦輝著.
－初版.－新北市：左岸文化出版：
遠足文化事業股份有限公司發行，2023.05
　　面；　公分.－（左岸政治；357）
ISBN 978-626-7209-31-8（平裝）
1.CST: 香港中文大學 2.CST: 民主運動
3.CST: 知識分子
525.8238　　　　　　　　　112005115